ELOGES
ET
CARACTERES
DES PHILOSOPHES
les plus célébres, depuis la
Naissance de Jesus-Christ,
jusqu'à present.

A PARIS,
Chez HENRY-SIMON-PIERRE GISSEY,
rue de la Vieille Bouclerie,
à l'Arbre de Jessé.

M. DCC. XXVI.
Avec Approbation & Permission.

LISTE
CHRONOLOGIQUE

Des Philosophes, dont les Eloges & Caracteres sont contenus dans cet Ouvrage.

I. SENEQUE.
II. PLUTARQUE.
III. AVICENE.
IV. ABELARD.
V. AVERROEZ.
VI. ALBERT LE GRAND.
VII. S. THOMAS.
VIII. SCOT.
IX. CARDAN.
X. GASSENDI.
XI. DESCARTES.
XII. MAIGNAN.
XIII. PASCAL.
XIV. MALEBRANCHE.
XV. LEIBNITZ.

A
SON ALTESSE SERENISSIME
MONSEIGNEUR
LE DUC D'ORLEANS,
PREMIER PRINCE DU SANG.

ONSEIGNEUR,

Un Ouvrage écrit dans un goût nouveau, sur un sujet curieux & intéressant, avoit be-

ã ij

EPITRE.

soin de l'illustre protection, que vôtre Altesse Sérénissime a bien voulu lui accorder. Mais s'il a été assez heureux, pour trouver un Protecteur tel qu'il lui falloit, ne risque-t-il pas beaucoup d'un autre côté, tombant entre les mains d'un Juge éclairé, dont la censure est aussi redoutable que le suffrage seroit flateur. Je n'ignore pas, Monseigneur, que vôtre Altesse Sérénissime, curieuse de tout ce qui regarde les Sciences, s'est attachée à en approfondir les secrets, avec une application capable de confondre la molesse si généralement répanduë dans les esprits, & avec ce grand succès qu'on devoit attendre de votre beau génie, secondé d'un desir extraordinaire

EPITRE.

d'apprendre. Ce qui me doit rassurer, c'est ce merveilleux fonds de bonté, qui vous faisant trouver du plaisir à en faire aux autres, vous gagne tous les cœurs, tandis que d'un autre côté vous vous rendez l'objet de l'estime publique par une noblesse de sentimens digne de votre haute naissance, par une sagesse de conduite qui feroit honneur à l'âge le plus mûr & à l'expérience la plus consommée, en un mot par cet heureux concours de grandes qualitez, soit naturelles, soit acquises, que tout le monde reconnoît en vôtre Altesse Sérénissime, mais que vôtre modestie ne me permet pas de détailler. Touché au point que je le suis, d'un mérite si brillant & si solide

EPITRE.

tout ensemble, j'ai voulu lui rendre mes très-humbles hommages, consacrant à vôtre auguste nom le premier fruit public de mes travaux litteraires. Quel bonheur pour moi, si je trouvois quelque occasion, où je pusse marquer d'une maniere plus éclatante, le dévoûment total & le très-profond respect, avec lesquels j'ai l'honneur d'être,

MONSEIGNEUR,

DE V. A. SERENISSIME

Le très-humble & le très-obéissant serviteur, Du Pont Bertrys.

AVERTISSEMENT.

L'Ouvrage nouvellement imprimé sous le titre d'*Abregé des Vies des Anciens Philosophes*, & attribué à feu M. de Fénelon, Archevêque de Cambrai, m'a fait venir la pensée de composer celui-ci. J'ai crû que le Public déja suffisamment instruit sur les Philosophes les plus anciens, seroit bien-aise de l'être aussi sur ceux qui les ont suivi. N'y auroit-il pas une espece de bizarerie à porter nôtre curiosité aux siecles les plus reculez, & à n'avoir que de l'indifférence pour des siecles dont la proximité ne serviroit qu'à rendre nôtre ignorance plus inexcusable?

Il est vrai qu'une longue suite de siecles écoulez, répand sur les anciens Philosophes un certain sombre majestueux, qui releve infiniment ce qu'ils ont d'ailleurs de mérite réel, & ils sont

AVERTISSEMENT.

devenus célébres à un point qui doit véritablement réveiller nôtre curiosité à leur égard. Mais il faut avouër aussi que leurs successeurs, avec des connoissances bien plus sûres, & peut-être même avec une Morale plus saine, quoique moins fastueuse, ont toujours assez de réputation, pour mériter d'être connus d'une maniere un peu détaillée. Quelques-uns d'entre eux surtout servent si souvent de sujet aux discours ordinaires, que pour peu qu'on se mêle de littérature, on ne peut aujourd'hui ignorer avec bienséance les principaux points qui les regardent. Je me suis proposé de faire connoître autant qu'il faut, chacun des Philosophes les plus célébres, venus depuis la naissance de Jesus-Christ jusqu'à present. Voici comment je m'y suis pris.

Je tâche de faire entrer dans ces *Eloges & Caracteres* tout ce que

AVERTISSEMENT.

que le sujet fournit de plus propre à rendre une lecture amusante, curieuse, instructive, pourvû qu'il aille à faire connoître dans les Philosophes dont je parle, les qualitez de leur esprit, ou de leurs Ouvrages, ou de leur cœur : car c'est à ces trois points que je m'attache, comme aux seuls intéressans dans la matiere presente. Il semble que tout le reste est étranger au Philosophe proprement dit, & d'ailleurs on sçait que les vies des Sçavans, sont trop privées, trop uniformes, trop vuides d'événemens, pour mériter le même détail que les vies des autres grands Hommes. C'est ce qui m'a fait substituer les *Eloges & Caracteres*, aux vies que j'eusse dû donner, suivant l'idée de l'Ouvrage qui a occasionné celui-ci.

Il est dangereux de heurter le goût Public, & comme il ne s'est

AVERTISSEMENT.

déja que trop déclaré ennemi de tout ce qui demande de la contention d'esprit, il m'a fallu écarter toute discution sur la Doctrine particuliere de chaque Philosophe. C'est bien assez que j'en expose la substance, & ce que le torrent des Sçavans les plus distinguez a pensé là-dessus, puisqu'enfin un détail plus ample demanderoit plusieurs grands volumes, remplis de difficultez épineuses, où personne ne voudroit entrer, à la réserve d'un petit nombre de Sçavans choisis, que je n'ai pas eû en vûë. Je prétens intéresser bien plus de Lecteurs, & pour rendre cet Ouvrage utile au plus grand nombre de personnes qu'il est possible, je me suis fait un point capital de n'y rien mettre, qui ne soit à la portée commune.

Il y a certains points assez intéressans pour ne devoir pas être suprimez, & néanmoins trop dé-

AVERTISSEMENT.

tachez de tout le reste pour pouvoir facilement trouver place dans un discours suivi ; tels sont par exemple ceux qui regardent la patrie de chaque Philosophe, le tems de sa naissance & de sa mort, la qualité de ses parens &c. J'ai soin de les réünir tous en peu de mots à la fin du discours.

Au reste j'embrasse dans ces *Eloges & Caracteres*, tant les Philosophes qui se sont distinguez dans la Morale, que ceux qui se sont distinguez dans quelqu'une des trois autres parties de la Philosophie. Il semble même, à consulter l'idée attachée au mot de Philosophe, que dans le concours les premiers devroient avoir la préférence.

Je ne parle d'aucun des Philosophes vivans, quoiqu'il y en ait assurément de très célébres. Il étoit trop à craindre qu'en distinguant les uns, je ne choquasse les autres, sans compter qu'on n'a

AVERTISSEMENT.

pas encore une entiere liberté de dire tout ce qu'on pense sur leur sujet.

J'ai crû devoir me borner aux Philosophes les plus célébres, persuadé que je n'en embrasse qu'un trop grand nombre, si ma maniere d'écrire n'est pas goûtée du Public, & résolu, si elle l'est, d'en faire paroître d'autres sur les rangs à une nouvelle Edition.

Tous les faits que j'avance, sont fondez sur de bons témoignages historiques, & si je ne marque pas les sources d'où je les ai tirez, c'est que la précaution m'a paru inutile dans des choses de notorieté publique parmi les Sçavans.

Je mets à la fin des *Eloges & Caracteres* quelques Poësies Latines, pour sonder le goût Public sur ma versification. La maniere dont elles seront reçûes, me déterminera à cultiver ou à négliger ce genre de litterature.

ELOGES
ET
CARACTERES
DES PHILOSOPHES
les plus célébres, depuis
la Naissance de JESUS-
CHRIST, jusqu'à présent.

SENEQUE.

E mets Sénéque à la
tête des Philosophes
dont je dois ici parler.
C'est un rang qui lui
est dû par son ancienneté, & encore plus par son grand mérite

A

personnel, quoiqu'en disent quelques Historiens, qui nous l'ont dépeint avec des couleurs, où la passion est trop marquée. Mais n'est-ce pas de tout tems, que les grands hommes, sur-tout ceux qui ont occupé des postes distinguez, ont été en butte aux traits malins de la jalousie & de la vengeance ? A travers toute cette diversité de témoignages historiques, je tâcherai de démêler la vérité, & de rendre à cet illustre Auteur, toute la justice qui lui est dûë.

Je trouve dans Sénéque tout ce qu'il faut, pour remplir parfaitement l'idée attachée au nom de Philosophe, soit que je le regarde du côté des connoissances naturelles ou de la Physique, soit que je le regarde du côté de la morale, tant pratique que spéculative.

Les *Questions naturelles* que nous avons de lui, distribuées en sept livres, où il traite principalement des Météores, marquent qu'il avoit du goût pour la Physique, & qu'il y avoit fait du progrès. Il montre de la justesse, de la pénétration & de la solidité d'esprit dans sa maniere de raisonner. Il n'en faut pas conclure que son ouvrage vaille l'excellent Traité des Météores par Descartes : il peut valoir beaucoup, & ne valoir pas autant ; contentons-nous de dire, qu'il est bon pour son tems, mais bon à un tel point, qu'Aristote même, tout Aristote qu'il est, ne devroit pas le désavouër.

Je ne sçais sur quel fondement Quintilien, qui pourtant, à parler en général, ne paroît pas moins équitable qu'éclairé dans le jugement qu'il porte des Auteurs, a avancé que celui-ci n'entendoit pas éxactement la Philosophie. Avec toute sa droiture ordinaire, n'auroit-il pas donné ici quelque chose à la prévention, & à ses inclinations particulieres? Il avouë lui-même qu'il passoit parmi les Sçavans, pour être contraire à Sénéque, & n'est-il pas à craindre que quand il a parlé de cet Auteur, le cœur n'ait fort influé dans ce qui étoit du ressort de l'entendement ? Quoiqu'il en soit, le Critique a été relevé par d'autres Critiques, & Sénéque maintenu dans la réputation de grand Philosophe. Il seroit à souhaiter que l'habile Physicien eut un peu plus ménagé qu'il n'a fait, le Lecteur modeste, qui ne sçauroit voir certains endroits des questions naturelles, sans que la rougeur lui en vienne au front: tant les choses y sont dites crument. Le fonds de l'ouvrage demeure toujours le même, c'est-à-dire, très-estimable, & il ne faut pas douter que cet échantillon de Physique n'eut eu bien plus de vogue qu'il n'en a eu, si la morale de l'Auteur n'avoit pas attiré toute l'attention.

C'est-là effectivement le fort & l'endroit brillant de Sénéque : aussi la secte des Stoïciens qu'il avoit embrassée, l'attachoit-elle particulierement à cette partie de la Philosophie. Rien de plus beau & de plus grand, que les maximes répandues dans ses Livres. Tout nous rappelle de la bagatelle au solide, tout nous porte à nous mettre au-dessus des divers accidens de la vie, tout nous fait rentrer en nous-mêmes. La sublimité de cette morale, a probablement excité quelques esprits hardis à avancer que Sénéque a été Chrétien, & à imaginer un commerce de lettres entre S. Paul & lui. Il y a déja bien de tems que les Critiques ont proscrit cette opinion, & ils nous ont donné les raisons les plus concluantes de cette proscription. Plusieurs des Philosophes Payens n'ont-ils pas enseigné avant l'établissement du Christianisme, une morale digne de Philosophes Chrétiens ? Pourquoi ne veut-on pas que Sénéque, guidé par les seules lumieres de la raison, ait trouvé ce que d'autres ont trouvé par la même voye ? Mais sans entrer en aucune discussion là-dessus, je me retranche à dire que Sénéque nous enseigne une morale très-relevée, & qu'il nous l'enseigne, non pas d'une maniere séche & abstraite, selon le stile ordinaire des Philosophes, mais avec une éloquence abondante, majestueuse, pleine de force.

Avec quelles couleurs affreuses ne nous dépeint-il pas le vice, & quel zéle ardent ne fait-il pas éclater pour établir dans les cœurs l'empire de la vertu? A la solidité des raisons, il ajoûte très-souvent un certain air moqueur & insultant, tout propre à tourner en ridicule les libertins qu'il combat. Il ne faut pourtant pas dissimuler que l'Auteur s'abandonnant quelquefois à une humeur critique & trop badine, sort du sérieux qui conviendroit au Philosophe & au sujet traité.

Il paroît bien par les ouvrages de Sénéque que sa réputation de grand Orateur, avoit des fondemens aussi solides que celle de grand Philosophe.

Nous sçavons qu'il eut à craindre de son éloquence, qu'elle

n'excitât la jalousie de Caligula, qui se piquoit d'être des plus éloquens de son tems, & sa crainte alla si loin, que connoissant, comme il faisoit, l'humeur violente de cet Empereur, il crut qu'il n'y avoit plus de sûreté pour lui à parler en public. Cet heureux concours du Philosophe & de l'Orateur dans un même sujet, ne pouvoit produire que des effets merveilleux. Aussi voyons-nous que les Ouvrages de Sénéque empruntent du Philosophe, l'éxactitude, la précision, la profondeur; & de l'Orateur, cette fécondité d'idées qui soutient l'attention du Lecteur sans la fatiguer, ces tours d'éloquence qui remuent l'ame, ces secrets de l'art qui font couler la vérité dans les cœurs, d'une maniere aussi efficace qu'agréable.

Il n'y a guéres d'Auteurs qui

ayent mieux possédé que celui-ci l'art de dire beaucoup de choses en peu de mots. Certaines de ses phrases, & il y en a quantité de cette espece, contiennent la substance d'un discours entier, & semblables en quelque façon à ces excellens tableaux, qui tirent moins leur prix de ce qu'ils representent distinctement, que de ce qu'ils insinuent par des traits à demi-formez, elles offrent à l'esprit une foule d'idées, sous une expression succincte. Le stile coupé & sententieux étoit tout-à-fait propre pour cela, & c'est aussi celui qui regne généralement dans les écrits de notre Philosophe. Quintilien qui tenoit pour le stile Cicéronien, c'est-à-dire pour le stile périodique, & qui mortifié de le voir de son tems presqu'entierement tombé, avoit entrepris de le faire revivre, autant qu'il dépendoit de lui, s'est armé de zéle contre Sénéque, dont il a voulu décréditer les Ouvrages, par la raison qu'ils n'étoient point dans le goût de ceux de l'Orateur Romain. Le Critique, tout habile & tout estimé qu'il est, a échoué dans le dessein que les conjectures plausibles de personnes intelligentes lui attribuent. Le stile coupé a trouvé & trouve encore aujourd'hui ses partisans, aussi-bien que le stile périodique, & il est constamment regardé comme le plus propre à exprimer vivement les idées.

Les ennemis de Sénéque les plus déclarez, n'ont pû s'empêcher de reconnoître qu'il avoit un génie aisé & fécond. C'est ce qui paroît effectivement par cette abondance & cette varieté de pensées, qu'on remarque dans tout le cours de ses Ouvrages. La différence des sujets n'en apporte aucune à sa maniere d'écrire, qui dans les matieres les plus épineuses, conserve la même fermeté, que dans les matieres les plus faciles. Par tout, le Lecteur éclairé & attentif, admire une étenduë extraordinaire de connoissances acquises, qui sont le juste fruit de son application continuelle à l'étude. Ce laborieux & infatiguable Auteur ne sçavoit ce que c'étoit que passer un seul jour sans rien faire. Il donnoit à l'étude une partie des nuits. A proprement parler, il ne prenoit pas de sommeil, mais il y succomboit, & il assujettissoit sur les livres ses yeux, qui n'en pouvoient plus après le longtems passé à veiller. Il avoit renoncé non-seulement au commerce des hommes, mais encore au soin des affaires, commençant par les siennes propres. Il ne s'occupoit que de ce qui regardoit la postérité, & c'est pour elle qu'il travailloit. Voyons comment ce grand homme s'en explique lui-même dans un endroit de ses Ouvrages : *Nullus mihi per otium dies exit : partem noctium studiis vindico : non vaco somno, sed succumbo, & oculos vigiliâ fatigatos cadentesque, in opere detineo. Secessi non tantùm ab hominibus, sed a rebus, & primùm a meis. Posterorum negotium ago : illis aliqua, quæ possint prodesse, conscribo : salutares admonitiones, velut medicamentorum utilium compositiones, litteris mando.*

Je ne flaterai pas le portrait en le finissant. Sénéque donne dans un défaut, dont on aura de la peine à croire qu'un si grand génie ait été capable. Il paroît continuellement rechercher les pointes d'esprit, & courir après les antithèses. A éxaminer de près la maniere dont il écrit, on diroit qu'il a plûtôt en vûë de plaire, que de persuader, ou s'il paroît vouloir persuader quelque chose, c'est seulement qu'il a de l'esprit. Il est vrai que nous trouvons dans Tacite sa justification, fondée sur le goût du tems, goût qui quoique mauvais, étoit assez établi, pour devoir engager les Auteurs à lui accorder quelque chose. Mais que dirons-nous de cette affectation continuelle à ne rien dire que par sentence? L'excès est blâmable en tout ; & les plus belles choses dites toujours sur le même ton, deviennent à la fin ennuyeuses par cette uniformité. Le peu d'ordre qu'on observer dans les Ouvrages de ce Philosophe, fait voir, que quand il composoit, il se laissoit aller à son imagination, & qu'il écrivoit les pensées à mesure qu'elles se présentoient, sans se soucier guéres de les rapporter à leur place naturelle. Le rang distingué qu'une expression élégante & très-choisie fait tenir à Sénéque parmi les Auteurs Classiques, ne nous doit pas empêcher de souscrire à la remarque d'Erasme, qui trouve que cet Auteur affecte de s'éloigner des expressions les plus familieres aux autres Auteurs, & sur tout à Cicéron. Une telle conduite pourroit bien avoir sa source dans le peu de cas qu'il fait des autres, & dans la haute idée qu'il a de lui-même, deux défauts qu'on peut justement reprocher à Sénéque, & qui pour lui avoir été communs avec plusieurs Sçavans, n'en ternissent pas moins l'éclat de sa gloire.

Ce Philosophe ne s'en est pas tenu à nous donner de belles leçons ; il les a pratiquées lui-même le premier, & cette conformité de sa conduite avec ses discours, le doit rendre encore plus persuasif. Sa vie est marquée des traits de grandeur d'ame les moins équivoques. Il fut accusé d'avoir eu un peu trop de familiarité avec une veuve de la plus haute distinction. L'accusation quoiqu'injuste, à l'éxaminer dans toutes ses circonstances, lui attira un long éxil en l'Isle de Corse. Comment le prit-il cet exil ? Il le marque lui-même à sa mere, dans une espéce de Lettre consolatoire, intitulée : *Consolatio ad Helviam*. Je trouve mon bonheur, lui dit-il, dans ce qui rend les autres malheureux.... Voici ce que vous devez penser de mon état. Je suis dans la joye, & dans une joye vive, comme quand les choses vont parfaitement bien. Or les choses vont parfaitement bien, quand l'esprit exempt de tout souci, vaque à ses fonctions, & tantôt se recrée par une étude legere, & tantôt plein d'ardeur pour connoître la vérité, s'éléve à la contemplation de sa propre nature, & de celle de l'Univers; sentimens nobles que l'Auteur de la Tragédie intitulée : *Octavia*, & faussement attribuée à Sénéque, exprime élégamment par ces Vers :

Melius latebam, procul ab invidia malis
Remotus, inter Corsici rupes maris :
Ubi liber animus, & sui juris, mihi
Semper vacabat, studia recolenti mea.

O quàm

O quàm juvabat (quo nihil ma-
jus parens
Natura genuit, operis immensi
artifex)
Cœlum intueri, solis & currus
sacros !

Tel étoit l'accueil que Sénéque faisoit aux plus fâcheux accidens de la vie.

Quelques Historiens rapportent des choses étonnantes des
grandes richesses de ce Philosophe. Il y en a qui en sont venus
jusqu'à dire, qu'une des causes de
la guerre Britannique, fût qu'il
vouloit retirer en un même tems
les sommes immenses qu'il avoit
prêtées à grande usure. Les ennemis de Sénéque ont voulu con-
lure de cette extrême opulen-
e, qu'il aimoit trop l'argent, ta-
he bien flêtrissante pour un Phi-
osophe. Ceux qui ont éxaminé

B

les choses de plus près, sans passion & sans prévention, nous apprennent que Sénéque étoit effectivement riche, quoiqu'il ne le fût pas peut-être au point que quelques Auteurs l'ont dit : mais ils ajoûtent pour le justifier, que s'il a possédé de grandes richesses, il ne les a pas recherchées ; qu'elles sont venues le trouver, qu'il s'est contenté de ne les pas repousser quand elles se sont presentées; qu'après tout il avoit du bien indépendamment de ce qu'il peut avoir acquis ; enfin que ce qu'il a acquis, il l'a acquis par de bonnes voyes, profitant des avantages attachez aux charges de Questeur, de Préteur, ou même de Consul, qu'il a exercées. Pour moi, sans aller chercher toutes ces raisons justificatives, je trouve dans ses richesses mêmes, de quoi relever sa gloire. Ne lui est-il pas bien glorieux d'avoir sçû allier avec les richesses, comme il a fait, une grande frugalité, une résignation entiere à toutes sortes d'événemens, une tranquilité merveilleuse sur ses interêts ? Tous ces traits sont tirez de ses propres écrits. Il nous apprend lui-même, & il est croyable sur sa parole, (car un homme de ce rang avanceroit-il à la face de toute la terre des faussetez manifestes ?) il nous apprend qu'il n'usoit point de vin ; qu'il n'aimoit pas ces meubles où l'on voit éclater cette diversité de couleurs si recherchée par les autres ; qu'il s'occupoit à travailler la terre, & à cultiver les vignes ; que tandis qu'à l'arrivée de quelques vaisseaux d'Aléxandrie, tout le monde accouroit au Port, pour sçavoir l'état de ses affaires, il étoit fort tranquile sur les siennes, & ne se donnoit aucun mouvement. Une telle conduite au milieu des richesses, ne marque-t'elle pas une sagesse consommée, hors des atteintes de ce que le monde a de plus tentant & de plus séducteur?

Les Romains connoissoient bien quel homme c'étoit que Sénéque. Rien ne montre mieux la haute idée qu'ils en avoient, que les grandes charges où ils l'ont élevé, quoiqu'il ne fût pas d'une naissance à y pouvoir aspirer. Nous avons déja dit qu'il a été Questeur, Préteur, & même, selon quelques-uns, Consul. Tacite ajoûte qu'on avoit agité de le faire Empereur ; & c'est sans doute à ce projet que Juvenal fait allusion dans ces deux Vers :

Libera si dentur populo suffragia, quis tam
Perditus, ut dubitet Senecam præferre Neroni?

Si Sénéque a manqué l'Empire, c'est toujours beaucoup qu'on ait songé à lui, malgré toute la disproportion de sa naissance pour cette suprême dignité, & au préjudice de celui qui y étoit appellé par le droit du sang. Quel bonheur pour l'Empire, si le choix agité avoit eu lieu! Les turpitudes de Néron, qui l'ont rendu l'opprobre du genre humain, n'auroient pas été exposées comme en spectacle à la face de toute la terre, & on n'auroit pas vu couler des ruisseaux de sang Chrêtien.

Tout le monde sçait que Sénéque a été Précepteur de cet indigne Empereur; car ce Philosophe est principalement connu par cet endroit, qui est effectivement le plus glorieux pour lui dans toutes ses circonstances. On peut juger si sa grande vertu jointe aux devoirs de son emploi, lui laissa rien négliger de ce qui pouvoit contribuer à former l'esprit & le cœur du jeune Prince confié à ses soins. Que ne devoit-on pas attendre d'un Empereur, élevé par un tel Maître ? L'habile Précepteur profitant de la docilité de son Disciple, avoit jetté dans son cœur des semences de vertu, qui germerent en leur tems. On en goûta les doux fruits durant les premieres années de la domination du nouvel Empereur; mais par malheur elles n'avoient pas pris chez lui d'assez profondes racines. Il commença trop tôt à se dégouter des leçons salutaires de son Maître; du dégout il alla à ne vouloir plus l'écouter. Des Courtisans libertins, depuis long-tems attentifs à ce moment, se saisirent de l'esprit de l'Empereur, & le firent donner dans ces excès affreux, qui l'ont rendu le monstre de la nature. Quel chagrin pour Sénéque de voir Néron plongé dans le defordre, & de ne pouvoir plus l'aider par ses confeils à s'en retirer!

Le feul moyen qui lui refte pour faire entendre à l'Empereur ce qu'il lui voudroit dire, c'eſt la voye de l'éxemple. Il y a donc recours, ou plûtôt il continue le même train de vie qu'il avoit coutume de mener : mais il lui en couta cher : la pureté des mœurs n'étoit plus à la mode. Néron regardant la conduite de Sénéque, comme une condamnation fecrette de la fienne, réfolut de se défaire d'un cenfeur si incommode. Il falloit trouver un prétexte pour le faire condamner à la mort: on n'en manque jamais à la Cour, quand on y a une fois réfolu de perdre quelqu'un.

Le prétexte fût que Sénéque avoit eu connoissance d'une conjuration formée contre l'Empereur, & qu'il ne l'en avoit pas averti. Il n'en falloit pas tant pour faire périr le vertueux Philosophe; par une indulgence bien singuliere, on lui laissa le choix du genre de mort.

Le masque tombe aux approches de ce dernier moment connu: il n'y a plus d'interêt à dissimuler. Quelqu'accablante que soit l'image d'une mort prochaine & violente tout ensemble, Sénéque l'envisagea avec une intrépidité, qui eût fait honneur aux Héros de l'ancienne Rome les plus vantez. Qu'on lise Tacite sur cet endroit. Rien de plus merveilleux que la tranquilité d'esprit & la fermeté de cœur, où il nous represente Sénéque mourant. Ce Philosophe à deux doigts de la mort, semble
s'occuper

s'occuper de toute autre chose que de sa fin qui approche : il médite tranquillement, comme si de rien n'étoit, & afin que ses dernieres pensées fussent connues de tout le monde, il demande d'un grand sens froid, ce qu'il faut pour les écrire. Ce n'est pas tout. Il voit ses amis autour de lui qui fondoient en larmes, tout désolez de le perdre. Ce Héros moins attentif à son état qu'à celui des gens chéris qui l'environnent, entreprend de les consoler ; il leur parle d'abord avec douceur, mais remarquant que la voix radoucie ne produisoit rien, il le prend sur le haut ton : Ne sçavez-vous donc pas, leur dit-il avec force, quel homme c'est que Neron ? Ignorez-vous qu'il n'a pas épargné sa propre mere ? Après que vous l'avez vû tremper ses mains dans un sang qui lui devoit être si précieux ; ne deviez-vous pas vous attendre à

C

les lui voir tremper dans celui de son Précepteur ? L'Histoire nous fournit peu d'exemples d'une fermeté pareille. Tous ces traits tirent un nouvel éclat, d'une circonstance que je ne dois pas omettre ici; c'est que Pauline femme de Sénéque, prévint la mort de son mari, se faisant ouvrir les veines la premiere : je dis la premiere; car Sénéque dans la liberté de choisir le genre de mort qu'il voudroit, se détermina à celui-ci. On dit que pour précipiter la mort qu'il trouvoit trop lente à venir, il demanda du poison, & que le poison n'aiant rien opéré, il fut enfin étouffé par la vapeur d'un bain chaud.

Sénéque étoit de Cordoüe, célébre Ville d'Andalousie en Espagne. Son pere étoit Chevalier. Il naquit sous l'Empire d'Auguste, on ne sçait précisément quelle année. Il mourut l'an 65.

PLUTARQUE.

PLUTARQUE a fait autant d'honneur à son pays la Béotie, que son pays lui faisoit de deshonneur, & c'eſt dire beaucoup à la louange de ce Philoſophe. Pour peu qu'on ſoit familier avec les Livres, on ſçait que la Béotie étoit décriée à l'égard de l'eſprit, & tellement décriée, que Béotien & ſtupide étoient deux termes fort ſynonimes dans l'idée des Grecs. Si Epaminondas, & Pindare, tous deux Béotiens, & néanmoins très-beaux eſprits, ont commencé à laver cette tache, que l'antiquité peut-être trop critique, avoit attachée à cette contrée de la Gréce, Plutarque l'a entiérement effacée, & a fait voir à la face de toute la terre, que l'esprit est fort indépendant de la situation des Climats.

Plutarque avoit pour les sciences des inclinations aussi fortes, que des dispositions heureuses.

Les Anciens s'y prenoient tout autrement que nous pour devenir Sçavans. Malgré toute la distance des lieux, souvent très-grande, ils alloient voir tout ce qu'il y avoit de plus distingué dans la république des lettres, & couroient, pour ainsi dire, après la science, au lieu que nous la cherchons dans la vie sédentaire & le repos du cabinet.

Le desir d'apprendre fit parcourir à Plutarque la Gréce, & selon ques-uns encore, l'Egypte, à la recherche des Sçavans. Il vouloit les consulter sur ses doutes, étudier leur sentimens, en examiner le fort & le foïble ; en un mot, prendre d'eux tout ce qu'il en pouvoit prendre de bon. Le voyage qu'il fit en Italie, eut peut-être le même motif. Cependant il paroît qu'il y a plus appris aux autres, qu'il n'a appris des autres. Nous sçavons qu'à Rome, sa maison étoit continuellement pleine de gens, & de gens de la premiere qualité, qui le venoient entendre parler sur les sciences, & principalement sur la Philosophie, quoique probablement il ne parlât qu'en Grec, n'ayant jamais bien sçû le Latin. Sa réputation dans ce pays Etranger, alla jusqu'à l'Empereur Trajan, qui reconnoissant dans ce Philosophe un mérite encore au-dessus de tout ce qu'on lui en avoit dit, l'honora dans la suite, des Charges les plus importantes.

Une continuelle application, jointe au commerce qu'eut Plutarque avec les plus habiles personnages de son tems, le rendit un Sçavant universel. Ses Ouvrages nous marquent assez, qu'il sçavoit l'Histoire, la Rhétorique, la Poësie, la Philosophie, soit naturelle, soit morale, la Théologie, les Mathématiques, la Politique, la Jurisprudence, ou plûtôt il n'y a aucune de ces sciences sur laquelle il n'ait écrit quelque chose, si nous nous en rapportons au Catalogue de ses Ouvrages, dressé par son fils Lamprias. Quelques Sçavans surpris de la science immense répandue dans ses livres, ont eu la curiosité & la patience de compter tous les Auteurs qui s'y trouvent citez. Le nombre en est prodigieux, & nous donne de ce Philosophe l'idée d'un sçavant des plus laborieux qui ayent jamais été. L'Encyclopédie contenue dans ses Ouvrages, a probablement fait dire à Gaza de Thessalonique, que s'il voyoit tous les livres sur le point de périr, il courroit sauver Plutarque ; c'est qu'en le sauvant, il eut cru sauver une Bibliotheque entiere.

On juge bien qu'un Auteur qui a embrassé tant de sciences, ne les a pas possedées toutes également. N'est-ce pas beaucoup d'avoir excellé dans quelques-unes, & d'avoir sçu les autres, comme on les sçait communément ? Plutarque s'est sur tout distingué dans la Morale & dans l'Histoire.

La grande science & la clarté ne vont guéres ensemble. On a toujours dit que la multitude d'idées engendre la confusion, & on voit qu'effectivement ceux qui ont le plus de connoissances acquises par la lecture, les ont d'ordinaire mal digerées & peu fuivies ; c'eſt que quand les idées font en ſi grand nombre, on ne donne pas à chacune toute l'attention qu'il faudroit pour en bien connoître le fonds, & pour découvrir le rapport qu'elle peut avoir avec les autres. Plutarque a trouvé le ſecret de réunir deux qualitez qui ſemblent s'exclure mutuellement, tout rempli qu'il eſt de connoiſſances, il nous préſente toujours diſtinctement ce qu'il nous veut apprendre. Il eſt généralement parlant, ſi facile à entendre, qu'on diroit qu'il ſe défie de la capacité & de la conception du Lecteur ; du moins paroît-il avoir eu en vûe de rendre ſes Ouvrages utiles à tout le monde, par la précaution qu'il a euë de n'y mettre preſque rien qui ne ſoit à la portée la plus commune. Pour cela il lui a fallu rejetter les raisonnemens abstraits ; & c'est peut-être ce qui a fait dire à Juste-Lipse, que la vertu éclate plus que la subtilité dans les Ouvrages de ce Philosophe. *Melior quàm acutior;* ce sont les termes du critique.

Mais il faut voir où l'Auteur Grec manque de subtilité. Une subtilité qui regneroit dans tout le cours d'un Traité de Morale ou d'Histoire, seroit une subtilité fort déplacée, parce que le commun des Lecteurs, qu'on doit avoir toujours en vûe, n'est pas en état de suivre le fil des raisonnemens si déliez. Les cas où la subtilité est necessaire dans ces sortes de matiéres qui intéressent tout le monde, sont assez rares. Il en faut, par exemple, quand il s'agit de déterminer exactement les bornes de la vertu & du vice, quand il s'agit de démêler la vérité dans des points fort embrouillez, &c. On ne trouve pas que Plutarque en manque dans ces occasions, eu égard au goût de son tems. Une des louanges qu'on lui peut donner le plus légitimement, c'est d'être, à parler en général, un Auteur vrai, & pour attraper constamment le vrai, on ne sçauroit disconvenir qu'il ne faille du discernement, de la pénétration, de la subtilité. Plutarque a supprimé le progrès des raisonnemens qui l'ont conduit à la vérité, & cette suppression, quoique judicieuse, à consulter le goût public, qui ne s'accommode guéres d'une lecture, où il faut de la contention d'esprit, pourroit bien avoir donné lieu au jugement de Juste-Lipse.

On reproche à Plutarque un stile inégal & assez dur, un défaut d'élégance dans l'expression, peu d'éloquence dans le tour qu'il donne aux choses. Comment le justifier sur tous ces Chefs? On ne sçauroit disconvenir de l'inégalité du stile. Elle a probablement sa source dans cette multitude d'Auteurs différens, que Plutarque n'a sçu lire, sans retenir quelque chose du stile de plusieurs d'entr'eux ; c'est l'écueil ordinaire de ceux qui sont si familiers avec les Livres, écueil où ils donnent, même sans le vouloir. Il faut avouer encore que les termes dont cet Auteur se sert, ne sont pas communément des plus choisis. Il va aux plus expressifs, sans s'embarasser s'ils sont déja consacrez par l'usage à signifier ce qu'il veut dire. Il s'attache aux choses ; il dédaigne de bien habiller les pensées, craignant, ce semble, que le Lecteur séduit par des dehors brillans, ne s'arrête à la surface de ce qu'il lui veut apprendre : mais à la place des figures de l'art qu'il néglige, on voit regner dans ses Ouvrages un grand sens, une abondance d'idées toujours agréables & naturelles, une méthode simple qui éclaire sans cesse les pas du Lecteur, un certain je ne sçais quoi, qui fait que quand on s'est une fois mis à lire cet Auteur, on ne le quitte qu'à regret. En voilà bien assez pour les qualitez de l'esprit, & des Ouvrages de Plutarque. Passons à celles du cœur.

Les vertus civiles & morales ouvrent un vaste champ à la louange de Plutarque. Pour observer quelque ordre, je les parcourerai les unes après les autres.

Ce Philosophe étoit pénétré jusqu'au fond de l'ame de cette maxime si importante, qu'il faut être utile à tout le monde, autant qu'on le peut. Nous avons à vivre avec nos semblables, nous avons des besoins communs, nous n'y sçaurions pourvoir, sans nous entr'aider ; ce n'est que par un commerce continuel de services réciproques, que nous nous soutenons. Voilà ce que nous ne pouvons nous empêcher de reconnoître. Mais toutes ces véritez, quoiqu'avouées universellement, laissent bien des personnes dans l'inaction. La plûpart uniquement attentifs à leurs interêts particuliers, & tout renfermez en eux-mêmes, envisagent d'un œil fort tranquile ce qui regarde les autres. La maxime de Plutarque n'étoit pas une maxime de spéculation qui n'aboutit à rien ; il en est venu à la pratique. Nous avons déja remarqué, qu'à juger par la maniere populaire dont ses Ouvrages sont écrits, il n'y a cherché que l'utilité publique. La chose ne paroît souffrir aucun doute, quand on éxamine les maximes qu'il nous enseigne. Elles vont à nous rendre sensibles aux maux des autres, à nous entretenir dans l'union, à nous armer de zéle pour les interêts publics, à faire toujours triompher la vertu.

Ses grandes idées sur le bien public se sont principalement dévelopées dans la maniere pleine de force dont il a combattu cette sentence des anciens Philosophes : *Cache ta vie*. La maxime, à la faveur de cet air de Philosophie qu'elle presente d'abord, & de la grande autorité de ceux qui l'avoient enseignée, pouvoit s'établir dans les esprits. La societé civile en eut souffert. Les gens de mérite seroient demeurez ensevelis dans les ténébres, & le Public privé des services qu'il en auroit pû retirer. Il n'en falloit pas davantage pour réveiller le zele de Plutarque. Que ne dit-il pas de fort, contre la doctrine qu'il attaque ? Il en dévoile de la maniere la plus sensible la perversité cachée, il explique les suites fâcheuses qu'elle entraîne après soi, aux raisons les plus concluantes, il joint des éxemples de ceux, qui tant qu'ils se sont tenus séparez des hommes, n'ont pas été plus utiles, que s'ils n'avoient point été au monde, & qui ont rendu les services les plus importans à des Etats entiers, après qu'ils se sont produits au jour. A la maniere vive dont il y va, on connoît qu'il parle de l'abondance du cœur, & que la maxime, *Cache ta vie*, avoit heurté diamétralement ses idées. Quel avantage pour la condition humaine, si chacun, à l'éxemple de Plutarque, contribuoit de son mieux à l'utilité commune, par ses discours & ses actions! Le monde changeroit bien de face ; les malheureux cesseroient d'être malheureux, & les heureux deviendroient encore plus heureux.

Si nous considerons d'une maniere plus particuliere les vertus civiles de Plutarque, nous le trouverons bon Citoyen, bon Parent, bon Maître, bon Disciple, bon Magistrat, bon Sujet.

La Ville de Cheronée ne posseda jamais dans son enceinte un Citoyen si zélé pour sa gloire & pour ses interêts. Qu'on ne s'étonne point si je fais ici honneur à Plutarque, de son attachement pour sa Patrie. Je conviens que c'est-là un penchant naturel ; & quoiqu'il s'en soit trouvé qui n'ayent pas écouté la voix de la nature sur ce point, j'ajoute que les sentimens de prédilection pour le
lieu

lieu de sa naissance, sont des sentimens fort communs. Mais il s'en faut bien qu'ils ayent dans tout le monde le même degré de vivacité ; & l'on peut même dire que dans la plûpart ils se terminent à de bons desirs, sans jamais rien produire au-delà. L'amour de Plutarque pour son païs fut un amour agissant. Malheur à quiconque osoit mal parler de cette portion chérie de la Gréce. Il devoit s'attendre à avoir bien-tôt sur les bras un rude adversaire, & il n'importoit pas que ces censeurs téméraires fussent déja morts depuis longtems. Plutarque les alloit trouver dans les siecles les plus reculez, & leur faisoit essuyer toute la force de sa plume, unique instrument de châtiment dans les circonstances du tems. Témoin le pauvre Hérodote, qui ne pouvant porter sa vûë assez avant dans l'avenir, pour y découvrir un zélé & redoutable Béotien futur, hazarda malheureusement dans le public ses sentimens critiques, sur un pays qu'il falloit au moins respecter par le silence. Un pareil attentat devoit être puni tôt ou tard. Plusieurs siecles après sa mort, Hérodote trouva à son tour des Auteurs qui parlerent mal de lui, & qui firent connoître au Public toute sa malignité: Plutarque composa exprès pour cela un Traité; le phlegme Philosophique ne s'y fait pas autrement remarquer: l'Auteur y paroît blessé à l'endroit sensible, & le Philosophe s'évanouit.

Cette grande sensibilité de Plutarque, par rapport à sa Patrie, s'étendoit sur le bien, tout comme sur le mal, je veux dire qu'il étoit également touché de ce qu'on faisoit pour & contre. Sa reconnoissance pour les services rendus à la Patrie, ne sçavoit pas distinguer les tems; elle remontoit aux siecles déja écoulez qui devoient, ce semble, avoir tout enseveli dans l'oubli: un trait d'Histoire nous fournit une preuve sensible de ce que je dis. Quelques Habitans de Chéronée avoient tué un Officier Romain, pour des raisons que je supprime, comme étrangeres à notre dessein. Les Juges de la Ville, persuadez qu'elle avoit tout à craindre des Romains, résolurent pour les appaiser un peu, de punir éxemplairement les meurtriers. Ceux-ci informez de ce qui se passe, vont faire main-basse sur les Juges, & les assomment : autre sujet de craindre du côté de Rome, encore plus grand que le premier. Les choses en étoient-là, quand Lucullus qui passoit avec l'Armée Romaine

D ij

par la Béotie, s'arrêta devant Chéronée. Le General défendit à ses Troupes, de nuire ou d'insulter à aucun habitant, & il le leur défendit si-bien, qu'il n'y eut effectivement aucun desordre dans la Ville. Voilà le grand service rendu à la chere Patrie, il y avoit peut-être plus de deux cens ans. Il est placé dans des circonstances qui en relevent le prix. Quelle vive reconnoissance dans Plutarque envers le General Romain ? Il l'a fait bien sentir aux Lecteurs, mais il craint, ce semble, de ne la leur faire pas sentir assez : les termes lui manquent pour l'exprimer au point qu'il en est penetré; on diroit qu'il s'agit d'un service rendu de son tems, & rendu à lui personnellement. Ce n'est pourtant rien de tout cela ; la reconnoissance n'en est que mieux marquée.

Au reste, ce grand attachement

de Plutarque pour sa Patrie, n'étoit pas fondé uniquement sur ces sentimens communs, écrits dans tous les cœurs par l'Auteur de la Nature, ou sur de simples maximes tirées de la Philosophie; c'étoit en quelque façon un devoir de justice, & un retour legitime envers ses Concitoyens, qui en avoient toujours usé à son égard de la maniere du monde la plus capable de gagner un cœur bien placé. L'Histoire nous apprend qu'ils l'envoyerent vers le Proconsul en qualité de Député de la Ville; distinction très-grande pour un jeune homme, tel que Plutarque l'étoit alors. Ils ne se bornerent pas à des commencemens si flâteurs. Ils l'éleverent dans la suite à leurs plus importantes Charges. De telles récompenses de la part de nos Concitoyens, nous aident merveilleusement à accorder à la nature & à la raison ce qu'elle demande de nous à l'égard de la Patrie. Ce n'est pas á dire pourtant que Plutarque n'eut épousé vivement les interêts de sa Ville, indépendamment de tous les avantages qu'il en a reçus. Le caractere de bon cœur se soûtient si bien dans ce Philosophe, qu'il doit lever nos doutes en bonne part.

Quelle affection tendre & cordiale ne remarque-t-on point dans Plutarque, pour tous ceux qui lui sont unis par les liens du sang ? Il distingue de la foule celui de qui il tient la vie. A l'égard de ce premier parent, l'amour ne veut point céder au respect, ni le respect à l'amour. Ils disputent à qui aura le dessus. Pourquoi parcourir les autres, qui dans l'ordre de la nature le touchent de plus près? En sçauroit-il échaper un seul aux tendresses de celui qui écouta toujours fidellement la voix du sang & de la raison ? Le vaste cœur de Plutarque les embrasse tous avec les distinctions convenables. Il étoit juste qu'on eut du retour envers un si bon parent. Notre Philosophe le souhaitoit, & il y étoit infiniment sensible, quand il le trouvoit. Quel grand cas ne faisoit-il pas de l'amitié de son frere Timon ? La place qu'il tenoit dans son cœur, il la préferoit à ce qu'il y a de plus précieux. Son plaisir étoit d'aimer, & d'être aimé, mais l'un & l'autre dans les bornes prescrites par la raison. Cet amour réciproque entre Timon & lui le charmoit d'autant plus, que de son tems, comme du nôtre, les freres étoient fort desunis, par la diversité de leurs interêts. Le Philosophe s'en plaint amerement dans ses Ouvrages, & il trouve à dire les siecles passez, où la désunion des freres étoit aussi rare, que leur union l'étoit dans le sien. Mais Plutarque est inépuisable sur ce sujet. Le Lecteur doit se contenter de ce que nous lui en avons dit jusqu'ici. S'il en veut sçavoir davantage, il trouvera de quoi s'instruire pleinement dans le Traité de l'Auteur Grec, sur l'Amour Fraternel.

Ne nous lassons pas de considerer le caractere de bonté dans Plutarque. Il n'y eut peut-être jamais un Maître plus doux & plus indulgent envers ceux qu'il avoit à son service ; c'étoient des Esclaves en ce tems-là. Un jour il voulut faire châtier un de ces Esclaves. La faute n'étoit pas apparemment graciable ; quoiqu'il en soit, on procedoit serieusement à l'execution. L'Esclave qui s'en apperçut, effrayé de la triste image du châtiment prochain, eût recours à un ſtratageme pour le détourner. Il faut remarquer qu'il entendoit un peu la Philoſophie, du moins ſuffiſamment pour ſçavoir qu'un Philoſophe ne doit point ſe fâcher. Dès les premiers coups reçus, il s'aviſa de dire à ſon Maître, qu'il y avoit de la colere dans ſon fait. C'étoit le prendre par le bon endroit : Plutarque avoit dépeint cette paſſion dans ſes écrits avec les couleurs les plus horribles. Cependant l'artifice échoüa : le Philoſophe ne prit point le change. Eſt-ce que tu vois, dit-il ſeulement à l'eſclave, eſt-ce que tu vois des yeux étincelans me rouler dans la tête, de l'écume ſortir de ma bouche, ou quelqu'autre marque de colere ? puis s'adreſſant à celui qui étoit prépoſé pour l'expedition, continuë, lui dit-il d'un grand sens froid, ce que tu as commencé. C'est ainsi que Plutarque se contenta de punir dans son esclave la premiere faute, laissant tomber le reproche de cet insolent, qui y ajouta encore plusieurs autres choses choquantes, dignes d'un châtiment particulier. Les Auteurs ont fort relevé ce trait d'indulgence, qui ne me paroît pas autrement éclatant. Je trouve que les maximes de Plutarque sont bien plus propres que cet exemple particulier, à nous faire voir jusqu'où alloit sa bonté à l'égard de ceux qui le servoient. Il se récrie contre ces Maîtres, qui se défont des Esclaves vieillis ou épuisez à leur service; il fait sentir l'injustice & la dureté d'une telle conduite; il marque dans les termes les plus forts, combien il est éloigné de vouloir jamais suivre des exemples si execrables. Son trop bon cœur le fait donner dans un écueil ; c'est qu'il étend sa charité compatissante jusqu'aux bêtes, qui après avoir servi long-tems, viennent à n'en pouvoir plus. En fait de bonté, il vaut mieux pécher par excès, que par défaut ; quoique les deux extrémitez soient réellement vicieuses, elles ne le sont pas pourtant également : du moins a-t-on pensé de même dans tous les tems.

Disons deux mots du bon Disciple. Plutarque avoit embrassé la Secte Academique qui reconnoît pour ses Chefs, Socrate & Platon, & qui est, disent les critiques, une source de bons sens très-féconde. Jamais Disciple ne soutint mieux de ce côté-là l'honneur de son Ecole. Le zele ardent qu'il avoit pour sa Secte, lui a fait souvent prendre les armes contre les autres Sectes. Avec quelle vigueur n'a-t-il pas poursuivi les Stoïciens & les Epicuriens ? Il faut avoüer qu'il est allé un peu trop loin, surtout contre les Stoïciens. Ce n'est plus un Philosophe qui dispute : c'est un homme prévenu & partial, qui n'estime que la Doctrine qu'il a adoptée. Herodote & les Stoïciens ont été les deux écueils, où la moderation de Plutarque a fait naufrage. La faute n'a pour principe qu'un fond de bon cœur, qui l'a un peu trop fortement attaché à ses compatriotes & à ses Maîtres : elle n'en est pas moins faute. Il faut toujours se tenir dans les bornes de la raison & de la moderation.

Plutarque possedoit dans un degré éminent l'esprit de la Magistrature : le zele pour le bien public étoit déja une grande avance à cet égard. Il vouloit que la subordination fût gardée inviolablement entre les Tribunaux, de maniere qu'on ne portât jamais aux Tribunaux superieurs les causes qui se pouvoient vuider dans les Tribunaux subalternes. Il y avoit de son tems à Chéronée un abus : c'est que presque toutes les affaires de la ville alloient à Rome. Il ne faisoit pas difficulté de dire ses sentimens sur un point si délicat. Il disoit hautement qu'en user de la sorte, c'étoit tenir la ville dans l'esclavage. L'amour de la patrie y entroit-il peut-être pour quelque chose ; mais ne doutons point que l'amour du bon ordre n'y prédominât.

Plutarque ne dédaignoit pas les plus petits emplois : plus même ils étoient petits, plus faisoit-il voir combien il étoit propre pour les grands. Il defcendoit dans le détail des moindres chofes, avec une exactitude & une certaine affection, qui marquoient aſſez que rien n'étoit petit à fes yeux, quand il s'agiſſoit du public. Un ancien Philofophe qui portoit du poiſſon par la ville, difoit à ceux qui en rioient, que c'étoit pour lui-même : Plutarque occupé aux plus baſſes fonctions de la Magiſtrature, difoit au contraire, que c'étoit pour les autres.

Magiſtrat & fujet font deux noms relatifs : qui connoît les devoirs de l'un, n'ignore pas d'ordinaire ceux de l'autre ; s'il ne les remplit pas, c'eſt faute de bonne volonté, & nullement faute de lumieres. Plutarque joignoit dans tous les états la bonne volonté aux lumieres. Il ne fut pas moins bon fujet que bon Magistrat : il avoit tout ce qu'il falloit pour l'un & pour l'autre. Les Auteurs qui ont observé sa conduite à cet égard, insistent principalement sur le grand respect qu'il avoit pour les moindres Magistrats, sur sa prompte déference aux premiers signes de leurs volontez, sur les belles maximes qu'il enseignoit là-dessus. Il ne regardoit pas dans les Magistrats le merite personnel : toute son attention n'avoit pour objet que l'autorité mise entre leurs mains, par le public. Il est tems de considerer ce grand homme en lui-même, & sans aucun rapport aux autres.

Il nous presente d'abord un grand amour pour la verité : qualité digne d'un Philosophe, & necessaire à un Historien. Il l'a toujours respectée, même dans ces occasions où il paroît avoir donné quelque chose à la passion. S'il est choqué contre Herodote, son ressentiment n'ira pas à lui refuser les loüanges qui lui sont dûës en qualité de pere de l'Histoire. S'il est content de Lucullus, il ne lui prodiguera pas un encens flateur : les défauts de ce General Romain n'échaperont pas à sa plume : il nous le fera connoître tel qu'il est avec le bon & le mauvais ; point de grace aux dépens de la verité.

Cette attention continuelle de Plutarque à ne nous point dissimuler les défauts des grands hommes dont il nous parle, n'est pas l'effet d'une humeur caustique qui cherche toûjours à mordre. L'Auteur nous fait sentir sa répugnance naturelle à dire le mal ; répugnance si sensible, qu'à moins d'être préoccupé, on ne peut s'empêcher de reconnoître qu'il prend plaisir à dire le bien,

& qu'il ne dit le mal que par devoir.

La vertu a toujours également éclaté dans sa conduite, & dans ses écrits. On ne sçauroit guéres trouver d'Auteur plus propre que celui-ci à nous l'inspirer. On remarque dans ses Ouvrages, que quand il se presente quelque occasion favorable pour faire glisser quelque leçon de morale, il la saisit avec une ardeur, qui fait voir combien il avoit de vertu, & combien il la vouloit communiquer aux autres. Car il n'est pas content de la pratiquer, si les autres ne la pratiquent aussi. Pour les y exciter, il la leur presente sous les idées les plus engageantes ; il leur en fait voir la beauté, les avantages, la necessité ; il leur applanit les difficultez qui se rencontrent dans son exercice, leur fournissant les moyens les plus propres à les surmonter. Jusqu'où n'eut-il pas porté la morale, si aux lumieres de la raison, il avoit joint celles de la Religion Chrétienne ? Cette heureuse union ne se fit jamais : nous y avons beaucoup perdu, & lui encore davantage.

On juge bien qu'un esprit aussi solide que le sien, ne donnoit pas dans les maximes chimeriques de la superstition Païenne : il les prenoit pour ce qu'elles valoient, c'est-à-dire qu'il en faisoit un sujet de dérision. Ce Philosophe, à qui il étoit donné de penser autrement qu'aux autres hommes, avoit de Dieu les idées les plus relevées. Comment en parle-t-il dans son Romulus ? On diroit qu'il a puisé sa Doctrine dans les sources les plus pures. On n'y reconnoît plus le Philosophe Païen; c'est un Théologien éclairé, profond, le dirai-je ? presqu'orthodoxe. Il est vrai que la Secte qu'il avoit embrassée, lui donnoit de grands avantages de ce côté-là. Platon avoit répandu dans ses Ouvrages une Théologie si sublime, qu'elle lui a merité le surnom de divin. La gloire du Disciple, c'est d'avoir encheri sur le Maître. On ne comprend point comment un homme capable de penser si bien, a pû pencher vers les idées grossieres de la divination : ce mélange de foiblesse & de force d'esprit a quelque chose de surprenant.

Une rare modestie rehausse l'éclat de toutes les grandes qualitez de Plutarque. Cet homme si estimable & si estimé par tant d'endroits, ne s'en faisoit point accroire. Il avoit les yeux fermez sur un merite qui attiroit l'atttention de tous les autres.

Plutarque est mort agé de 72 ou 75 ans, on ne sçait où, ni quand. On ignore encore le tems de sa naissance. Il étoit d'honnête famille. Il vivoit du tems de l'Empereur Trajan.

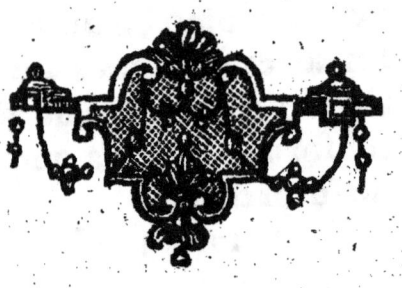

AVICENE.

AVICENE est plus connu dans le monde, comme Medecin, que comme Philosophe. Cependant à prendre la Philosophie dans toute son étenduë, la Medecine en est une dépendance, & on peut dire de tout Medecin qu'il est Philosophe, avec la même exactitude qu'on dit de tout Astronome, qu'il est Mathematicien, quoi qu'on ne puisse pas dire reciproquement de tout Philosophe, qu'il est Medecin, comme aussi on ne peut pas dire de tout Mathematicien, qu'il est Astronome. On sçait que les Physiciens d'autrefois n'étoient que ce que sont les Medecins d'aujourd'hui. Au reste nous n'avons pas besoin de changer les idées communes pour donner à Avicene la place que nous lui donnons, parmi les Philosophes les plus celebres. Il étoit grand Philosophe dans le sens qu'on l'entend ordinairement. Nous verrons encore dans la suite quelques-uns de ses Confreres, paroître sur les rangs avec distinction. La Philosophie & la Medecine se prêtent mutuellement la main, & vont ensemble bien souvent : l'experience justifie la remarque, ou plûtôt la remarque n'est fondée que sur l'experience déja connuë. Entrons en matiere.

On ne vit gueres jamais un génie plus précoce que celui d'Avicene. Les progrès étonnans qu'il a fait dans les Lettres n'étant encore que tout jeune, lui ont merité une place distinguée dans l'Ouvrage de M. Baillet sur les enfans devenus illustres par leurs études. A peine avoit-il dix ans, qu'il possedoit l'Alcoran & les Humanitez. Cet esprit avide de Science, étoit comme un feu dévorant, qui demande toujours de l'aliment. Le premier Maître qu'eût Avicene, n'étant plus en état de lui rien apprendre, il fallut avoir recours à un second, sous qui il étudia les Mathematiques. Il y avoit là dequoi occuper le jeune étudiant, quelque ardeur qu'il eût pour apprendre : mais dans les vastes régions de ces Sciences, un guide éclairé étoit absolument necessaire, & celui d'Avicene ne l'étoit pas assez. Le Disciple épuisa en peu de tems les connoissances de ce second Maître, comme il avoit fait celles du premier, & il passa à un troisiéme qui lui enseigna la Philosophie. Ce nouveau Maître fut bien-tôt réduit à l'état de ses deux prédecesseurs: tout ce qu'il sçavoit, le Disciple l'emporta avec une rapidité étonnante: c'étoit un prodige de mémoire & de conception que le jeune Avicene. Ses grandes dispositions naturelles pour les Sciences, étoient secondées d'un fort desir de sçavoir, & d'une application si constante, qu'il passoit les nuits à étudier. Où est-ce que tout cela ne devoit pas le conduire ?

Ses progrès extraordinaires le mirent dans l'impossibilité de trouver plus de Maître, & il fallut qu'avant d'avoir seize ans, il devint lui-même son propre guide: c'étoit être émancipé de bonne heure. Le premier usage qu'il fit de sa liberté, fut de voir par lui-même les Auteurs originaux.

Après

Après avoir lû Euclide, il paſſa à l'Almageſte de Ptolomée : à cette étude il fit ſucceder celle de la Médecine & de la Théologie : il n'étoit arrêté nulle part. Quand il en vint à la Métaphyſique d'Ariſtote, ſon eſprit y trouva une barriere qu'il n'avoit pas trouvé ailleurs. Tous ſes grands ſuccès précedens ne ſervoient qu'à le rendre plus ſenſible au déplaiſir de ne pouvoir rien comprendre dans cet Ouvrage du Philoſophe Grec. Le courageux étudiant ne ſe laiſſa point rebuter par des commencemens tout-à-fait infructueux. Il ſe flatoit de découvrir à une seconde lecture ce qu'il avoit échapé à la premiere : mais par malheur la ſeconde lecture ne lui fourniſſoit pas plus de lumieres que la premiere, ni la troiſiéme plus que la ſeconde : il falloit une patience inépuiſable pour ne pas renoncer à une étude si ténébreuse. Avicene le plus patient des hommes à cet égard, tint bon jusqu'au bout : plus la vérité sembloit s'obstiner à se cacher, plus il s'obstinoit de son côté à la chercher : il falloit qu'elle se rendit à ses poursuites continuelles. Après avoir lû, dit-on, jusqu'à quarante fois la Métaphysique d'Aristote, sans y rien comprendre, il commença enfin à y appercevoir quelque lueur avec le secours d'un livre Arabe qui lui tomba heureusement entre les mains. Quelle joye pour cet esprit curieux ! elle est d'autant plus vive qu'il a fallu surmonter plus d'obstacles : elle ne sçauroit se contenir toute au-dedans : il faut qu'elle éclate au dehors par les marques les plus sensibles. Avicene plein de reconnoissance pour le Seigneur qui a bien voulu ôter le bandeau de son esprit, la manifeste aux yeux du monde par des actions de graces qu'il rend à son Bienfacteur, & par les aumônes qu'il fait à cette occasion. Ses premieres ténébres se sont si bien dissipées avec le tems, qu'il est devenu dans la suite un très-grand Métaphysicien. C'étoit en quelque façon une récompense dûë à son travail long & pénible. On ne vit peut-être jamais une application pareille à la sienne. Tout son tems, toutes ses pensées, tous ses desirs alloient à l'étude : c'étoit-là pour lui une nourriture très-succulente, dont il ne lui étoit pas possible de se passer. Rien ne marque mieux combien il étoit absorbé dans les pensées d'étude, que ce qu'on rapporte de lui : c'est que ses songes rouloient sur les sciences, & pour mettre le comble à la merveille; on ajoûte qu'il trouvoit en dormant les solutions exactes de plusieurs difficultez. Ne diroit-on pas qu'il vouloit mettre à profit pour les sciences le tems même du sommeil?

Aussi ne tarda-t-il guéres à se rendre un Sçavant consommé. Dès l'âge de dix-huit ans, il passoit pour un prodige de science, & il l'étoit effectivement. Il étoit consulté comme un Oracle, même par les plus anciens d'entre les Sçavans, & ses décisions étoient d'un poids auquel la maturité de l'âge ne pouvoit guéres rien ajouter.

Il falloit bien qu'Avicene après s'être rempli de connoissances, les produisît au grand jour, afin que le public en pût profiter. Agé seulement de vingt & un ans, il fit paroître deux Ouvrages, dont l'excellence confirma la haute idée qu'on avoit déja de l'Auteur.

Cette jeuneſſe ſi brillante, ne fut que l'aurore, qui annonçoit le ſoleil levant, & ce qu'Avicene nous a donné depuis dans un âge plus mûr, a enlevé les ſuffrages de tous les ſiecles. Attachons-nous ici principalement à ce qui regarde la Philoſophie.

De tous les Philoſophes Arabes, Avicene eſt celui dont les principes s'accordent le mieux avec ceux de notre ſainte Religion, & cette raiſon jointe au grand merite qu'a d'ailleurs cet Auteur, a rendu ſon autorité reſpectable aux Philoſophes ſcolaſtiques. Auſſi le trouve-t-on fréquemment cité dans Albert le Grand, S. Thomas, & Scot, qui ſe connoiſſoient ſi bien tous trois en Auteurs. C'eſt ſurtout dans la Logique & la Métaphyſique qu'Avicene a excellé. Son eſprit aigu & profond tout enſemble, le rendoit particulierement propre à ces deux parties de la Philosophie, qui étoient les seules cultivées en ce tems avec quelque succés : car il faut remonter jusqu'aux Philosophes anciens, pour trouver l'époque de la morale florissante, & il faut descendre jusqu'aux Modernes, pour trouver celle de la Physique solidement principiée, & portée à un haut point de perfection.

Il regne dans la Philosophie d'Avicene, comme aussi dans ses autres Ouvrages, une méthode charmante qui éclaire continuellement le Lecteur, & il manie tellement les matieres les plus abstraites, qu'il les met à la portée commune, autant qu'elles le peuvent guéres être : ce qu'on a toujours regardé comme une marque de la supériorité de l'Auteur au sujet qu'il traite. Une des louanges des plus légitimes qu'on donne au Philosophe Arabe, c'est qu'il ne touche rien, à quoi il ne donne du jour : la clarté est sa grande qualité ; mais non pas la seule. On remarque dans ses Ouvrages beaucoup de solidité, de jugement, & un certain caractere d'esprit qui va naturellement au vrai. Il donne à chaque matiere une juste étenduë, évitant également d'être trop diffus & trop court, & l'avantage de cette maxime si judicieuse, c'est que l'Auteur n'introduit point des minuties ou des subtilitez frivoles dans les questions, & qu'il n'en retranche rien aussi qui interesse le fonds du sujet.

Il eut été à souhaiter qu'un si bel esprit, déja si rempli de connoissances, si ardent & si propre pour en acquerir encore de nouvelles, eût joint à tant de rares qualitez soit naturelles, soit acquises, le secours du Grec. Faute de sçavoir cette langue, il a été privé des grandes lumieres qu'il eut pû tirer de la lecture des Auteurs originaux. Il est vrai qu'il a tâché d'y suppléer par des moyens semblables à ceux que S. Thomas a employez depuis dans la même circonstance, comme nous le verrons en son lieu. Non content de se servir des Interprétes, il a eu recours à gens qui entendoient le Grec, il les a consultez dans ses doutes, il leur a proposé ses difficultez, en un mot il en a tiré tout le secours qu'il en pouvoit tirer. Mais ce secours, quelque grand qu'on le suppose, peut-il jamais balancer celui qu'on trouve à voir les sources par soi-même ?

Quoique j'aye dit en général qu'Avicene est de tous les Philosophes.

phes Arabes, celui dont les sentimens sont les plus conformes aux principes de la Religion Chrétienne, il n'en faut pas conclure, qu'il soit partout d'une Doctrine bien saine. Il a donné dans des erreurs, & même dans quelques-unes fort dangereuses, dont il est bon de marquer ici les principales, afin que le Lecteur averti puisse se tenir sur ses gardes, quand il étudiera cet Auteur.

1°. Le Philosophe rejette absolument la necessité du concours de la grace Divine pour nous rendre heureux, & il soutient que notre béatitude dépend de nos seules actions.

2°. Il enseigne que rien de mauvais ne peut tomber dans la pensée des Intelligences, ou pour me conformer davantage à la maniere dont l'Auteur exprime son sentiment, l'entendement des Intelligences, c'est-à-dire des Anges, ne peut rien concevoir de mauvais.

3°. Il admet avec Ariſtote l'éternité du mouvement, ſoit anterieure, ſoit poſterieure, s'il eſt permis d'employer ici les termes de l'Ecole; c'eſt-à-dire, il croit qu'il y a toujours eu du mouvement, & qu'il y en aura toujours.

4°. Il préſuppoſe de la matiere dans tout ce qui ſe fait de nouveau, c'eſt-à-dire que ſelon cet Auteur, rien ne ſe peut faire ſans matiere : ce qui exclut la poſſibilité de la création. Nous verrons dans la ſuite que cette erreur a été ſoutenuë encore par le plus illuſtre de ſes Confreres, je veux dire par Averroez.

5°. Il prétend qu'il ne peut ſortir immediatement de Dieu, rien qui soit sujet au changement.

6°. Dieu ne connoît point les choses particulieres, selon ce Philosophe ; autre erreur encore soutenuë par Averroez.

7°. Il soutient que les Cieux sont animez.

8°. Il attribuë aux Anges la production des ames Célestes.

Avicene ne s'est pas borné à la Philosophie ordinaire : il a étudié & penetré les secrets de cette Philosophie profonde & mysterieuse, qu'on nomme occulte. L'Alchimie qui est une science à peu près dans le même goût, pouvoit-elle échaper à notre Philosophe ? Il a écrit sur ces matieres, que leur obscurité rend si respectables aux yeux du vulgaire, & il est étonnant qu'un Auteur aussi judicieux qu'Avicene le paroît dans ses Ouvrages, se soit laissé aller à ces idées creuses.

Les Ouvrages qu'il nous a laissez, marquent qu'il étoit Géometre, Géographe, Astronome, plus qu'on ne l'étoit ordinairement de son tems.

La multitude étonnante des connoissances étoit apparemment une des principales causes de sa grande facilité à composer, si vantée dans quelques Auteurs. Les pensées venoient en foule au bout de sa plume, qui ne pouvoit suffire à les écrire, & ce qu'il y a de merveilleux, c'est que quoi qu'elles se presentassent comme tumultuairement, elles n'étoient point hors de la place qui leur convenoit. Le bel ordre qui regne dans tout le cours de ses Ouvrages, & que j'ai déja fait observer, le montre d'une maniere convainquante.

Les qualitez du cœur sont dignes d'attention dans un Philosophe Medecin. L'humeur douce & accommodante d'Avicene alloit à accorder tout à tous. Il vouloit contenter Dieu, il vouloit contenter le prochain, enfin il vouloit se contenter lui-même : les traits que nous fournit le fonds de la conduite de ce Philosophe, se rapportent tous à ces trois chefs.

Ceux qui nous ont dépeint les mœurs d'Avicene, nous le representent comme un homme plein de Religion, penetré de la crainte du Seigneur, attentif & exact à rendre chaque jour à cet être suprême le tribut de louanges qui lui est dû. On le voyoit le matin aller à la Mosquée, où il prioit long-tems & avec de grandes démonstrations de dévotion. Dans toutes ses peines & ses necessitez il avoit recours au Ciel, & en étoit-il exaucé ?

l'action de graces suivoit de près la faveur reçûe. Il n'est pas possible qu'on ait de la pieté sans la vouloir inspirer aux autres. Avicene joignoit le discours à l'éxemple pour porter dans tous les cœurs autant qu'il dépendoit de lui, le feu de l'amour Divin dont il bruloit à sa façon. S'il avoit eu le bonheur de connoître & d'embrasser la veritable Religion, quel progrès n'eût-il pas fait dans la bonne voye, porté comme il l'étoit naturellement à la pieté ? On n'eut pas vû ce qu'on a vû en lui, je veux un mélange monstrueux de vertus & de vices.

Sa conduite à l'égard du prochain étoit tout-à-fait exemplaire, & marque un bon cœur. Il ne cherchoit qu'à faire du bien à tout le monde, & quand les occasions ne s'en presentoient pas, il s'étudioit à les faire naître. Après qu'il eût heureusement guéri son Roy, il en fut fait le premier Conseiller, & eût beaucoup de part aux affaires de l'Etat. Jamais la justice distributive ne sauva mieux tous ses droits, qu'entre les mains de ce nouveau Ministre inflexible & severe en ce seul point, il vouloit absolument que chacun eût ce qui lui étoit dû. Les maux du prochain attendrissoient ce bon cœur, qui sans se borner à une compassion stérile, travailloit efficacement à les soulager. Les pauvres pouvoient-ils échaper à sa charité, également attentive & genereuse ? Que d'aumônes, que de largesses faites par Avicene, pour tirer de la misere ceux qui n'y pouvoit voir, sans qu'il en coutât trop à sa tendresse, pour ne leur pas tendre une main secourable !

Je ne sçais quel plan de Religion Avicene s'étoit fait. Nous avons vû qu'il en avoit beaucoup, à en juger par les exercices extérieurs qu'il en faisoit, & nous allons voir qu'elle ne l'empêcha point de donner dans des débauches outrées, qui à la fin lui ont couté la vie. Parmi les affaires les plus importantes dont il étoit accablé, il conserva toujours de l'amour pour les sciences, & il se faisoit un plaisir de les enseigner aux autres. Il donnoit le tems du jour aux fonctions du Ministere, & s'il vouloit faire des leçons, il falloit qu'il les fît la nuit. Il étoit juste sans doute de se délasser aprés tant de travaux, & de faire succeder à la fatigue quelques divertissemens, capables de renouveller les forces épuisées : mais Avicene y alla d'une maniere à ne reconnoître ni borne ni mesure. C'étoient toujours de grands repas, mêlez de concerts de musique, & de tout ce qui pouvoit contribuer à rendre la joye complete ; les nuits entieres se passoient dans toute sorte de débauche. Avicene en fit tant, que la mécanique de son corps se trouva enfin dérangée, à ne pouvoir guéres plus se rétablir : il eut beau recourir à son art, dont il connoissoit si bien les secrets ; l'habile Medecin n'en pût tirer aucun secours dans cette occasion.

Non est in Medico semper, releve-
 tur ut æger :
Interdum doctâ plus valet arte
 malum. Ovide.

Il falloit s'y prendre plûtôt, sans donner au mal le tems de faire des progrès.

Principiis obsta : serò Medicina paratur,
Cùm mala per longas invaluere moras. Ovide.

Le Philosophe ne trouva aucun remede au mal, qui avoit déja trop gagné : il s'étoit lui-même creusé son tombeau par ses excés affreux, & il fallut se résoudre à mourir : c'est où le conduisît sa sensualité, à laquelle il ne sçût jamais rien refuser. Admirons jusqu'au bout dans Avicene, un concours bizarre de vie voluptueuse & de sentimens de Religion. Ce Philosophe mourant dans le sein de la débauche s'occupe de pensées de pieté ; il fait distribuer ses biens aux pauvres, après avoir gratifié de quelques largesses ses Domestiques, & ne songeant plus aux choses d'ici bas, il éleve son cœur vers le Ciel; il recommande son ame au Seigneur: ainsi finit-il sa carriere.

Avicene étoit originaire de Perse. Il nâquit à Bochard ville de la Province Transoxane l'an 980, & il mourut l'an 1036.

ABÉLARD.

Ous n'avons eû aucun Philosophe qui ait porté plus loin qu'Abélard la gloire de la Logique, & qui ait envisagé cette partie de la Philosophie sous une idée plus guerriere. Il se fit de cette science une arme défensive & offensive envers & contre tous, & avec son secours il se rendit en peu de tems la terreur des Sçavans. Les jours de disputes publiques, étoient pour lui des jours de triomphe, & s'il sçavoit qu'il y en dût avoir quelque part à la ronde, l'amour de la belle gloire l'y faisoit voler. Il a toûjours fait voir dans ces sor-

tes d'assemblées, quelle arme redoutable c'est que la Logique, entre les mains de celui qui la sçait bien manier. Quand le lieu où il se trouvoit ne lui fournissoit aucune occasion d'exercer sa valeur, il alloit selon le goût des anciens Chevaliers errans, chercher ailleurs des adversaires, contre qui il pût lancer les traits de ses Syllogismes. Malheur à quiconque avoit à les essuyer: par avance il devoit se tenir assuré de sa défaite, & si pour reparer son honneur, il osoit accepter, ou, ce qui est encore plus temeraire, presenter un second combat, c'étoit entreprendre de guerir un mal par un autre. Il couroit l'imprudent à une seconde défaite, & risquoit fort de tomber dans une humiliation, à ne pouvoir s'en relever jamais aux yeux du monde. Plusieurs ont reconnu par une funeste expérience, qu'il ne faisoit pas bon joûter contre un tel Athlete, & la confusion qui a suivi le combat, en a réduit quelques-uns à se jetter dans des Monasteres, pour s'y tenir cachez le reste de leurs jours.

Comme nous n'avons rien de la Philosophie d'Abélard, malgré tout le zele de François d'Amboise, qui a fait une recherche plus penible qu'heureuse des Ouvrages de cet Auteur, il faudra bien nous contenter de l'histoire de ses proüesses Philosophiques, tirée tant des écrits d'Abélard même, que d'ailleurs. Je dirai auparavant en deux mots, dans quel goût est écrit ce qu'on a trouvé de ses Ouvrages, qui se réduisent à des Lettres, à des Sermons, à quelques Traitez de Théologie &c. On reconnoît par tout que l'esprit d'Abélard étoit un esprit vif, aigu, perçant. Tout ce qui sort de sa plume, a quelque chose de dégagé & d'animé, qui presente vivement à l'esprit ce que l'Auteur veut faire entendre. Ses pensées paroissent couler de source, tant elles sont naturelles & en abondance, mais d'une source qui n'en produit que d'agréables, que d'ingenieuses. Ne cherchons point dans les raisonnemens des Auteurs de ce tems-là, la même exactitude, la même solidité, la même précision que nous voyons dans les raisonnemens des Auteurs de notre tems. Il est toujours glorieux pour Abélard, de s'être distingué de ce côté-là parmi des Sçavans de son siecle. Il faut que l'élocution suive le caractere de l'esprit de celui qui écrit. Quoi qu'à parler en général celle d'Abélard soit bonne, elle contient neanmoins bien de termes impropres, & quelquefois même un peu barbares, qui ont eû la preference sur d'autres plus Latins, probablement par l'avantage, qu'ils avoient d'ordinaire d'être plus expressifs & plus énergiques. Notre Philosophe pouvoit-il balancer sur le choix de la Secte ? Celle des Nominaux qui demande un esprit propre à rafiner sur tout, & à subtiliser à l'infini, ne pouvoit manquer la conquête d'Abélard, quand celui-ci n'auroit pas étudié sous Roscelin, leur vrai Chef. Car Guillaume Occam, fameux Cordelier, qui passe communement pour l'être, n'est que le Restaurateur de cette Ecole, à laquelle il a donné un grand lustre dans son tems, fort posterieur à celui de Roscelin.

C'est à Paris que l'humeur guerriere

riere d'Abélard se déclara avec éclat contre Guillaume de Champeaux, qui y enseignoit la Philosophie. Abélard étudioit sous lui. Le Professeur ne fut pas longtems à s'appercevoir, qu'il avoit un Disciple qui ne se payoit pas de paroles, & devant qui il ne falloit rien dire que dans la derniere exactitude. Il eût beau se tenir sur ses gardes ; il ne pût échaper à la critique du rigide Logicien. A chaque proposition qui donnoit tant soit peu de prise, Abélard couroit sus ; c'étoient des disputes continuelles entre le Maître & l'Ecolier ; ils en vinrent enfin à une guerre ouverte, & il fallut se separer. Abélard qui n'étoit pas homme à méconnoître son merite, se sentit capable de soutenir tout le poids du glorieux titre de Maître. Il lui falloit choisir un théâtre digne de lui. La

Cour qui seule pouvoit l'être, étoit alors à Melun, & détermina Abélard à y aller enseigner publiquement. Champeaux toûjours attentif à la marche de l'ennemi, vit avec douleur de quel côté il tournoit. Il s'agissoit de faire échouer un dessein, dont l'execution auroit trop relevé dans le monde la gloire du Disciple indocile, & donné peut-être quelque atteinte à la sienne. Le sage Professeur en sentit les fâcheuses consequences, & il mit tout en œuvre pour les prevenir: mais efforts inutiles. La passion étoit trop marquée dans la maniere dont il s'y prit, & toutes ses intrigues tournerent à l'avantage de celui qu'il traversoit. D'ailleurs Abélard étoit au goût des gens du monde. Ils étoient charmez de la vivacité de son esprit; sa disposition habituelle à disputer contre quiconque, leur plaifoit ; ils rioient de voir aux prifes avec un jeune homme, des Profeſſeurs celebres, qui avoient blanchi dans le métier. Tout cela joint aux démarches trop vives, de Champeaux, ne pouvoit que feconder le Logicien entreprenant.

Le fuccès du projet encouragea Abélard au point qu'on peut fe l'imaginer. Les contradictions eſſuyées de la part de Champeaux dans l'execution de fon entrepriſe, lui firent regarder la Doctrine de fon ancien Profeſſeur avec des yeux plus Logiciens & plus critiques, qu'il ne l'avoit fait auparavant. Les erreurs qu'il n'avoit fait encore que foupçonner, qu'entrevoir, lui parurent des erreurs manifeſtes & palpables, qu'il falloit abfolument étouffer dans leur naiſſance. Il pouvoit venir à manquer, & il étoit important pour les interests des Sciences, qu'il fût promptement & dignement remplacé. Lui seul pouvoit se former de dignes successeurs en cas de besoin; & c'est à quoi il travailla bien serieusement. Il aguerissoit continuellement ses Disciples contre le Professeur de Paris, il leur découvroit la source, le progrès, les consequences affreuses de ses erreurs, & leur fournissoit des armes pour les combattre. Mais toutes ces disputes contre Champeaux n'étoient qu'en idée; l'ennemi étoit éloigné, & la batterie dressée à Melun, ne pouvoit porter jusqu'à lui. S'il n'y avoit pas moyen d'en venir aux mains, au moins falloit-il le serrer de plus près. Abélard alla donc se cantonner à Corbeil, où il pouvoit être plus à portée de reconnoître l'ennemi, de prévoir & de prevenir ses desseins, de découvrir l'endroit foible par où il falloit l'attaquer. Tous ces avantages que lui procuroit un séjour plus proche de Paris, ne le satisfirent pas encore. Il bruloit d'envie d'en venir à une action publique, & il ne pût résister à son ardeur belliqueuse, qui le transporta enfin dans la Capitale. Champeaux étoit alors Moine. La nouvelle armure qu'il avoit endossée, n'étonna point Abélard, qui sans perdre de tems l'attaqua sur les Universaux, avec tant de valeur & de succès, qu'il obligea le Moine à se rendre. Si ce qu'Abélard raporte de la Doctrine de Champeaux, est veritable, il avoit assurément prise sur lui, & par événement il lui rendit un service d'ami, lui faisant ouvrir les yeux sur ses égaremens. La Do-

&ctrine de Champeaux exposée par Abélard, alloit à n'admettre qu'une substance, sentiment extrémement dangereux dans les conséquences qu'il fournit.

Le Moine terrassé ne perdit pas courage. Voyant qu'il n'y avoit rien à gagner avec Abélard dans la dispute, il eût recours à l'intrigue, & il la conduisît si bien, qu'il fallut que son adversaire sortît de Paris. Quel chagrin accablant pour celui-ci de se voir tout ensemble victorieux, & obligé de battre en retraite à la vûë de l'ennemi qu'il venoit de dompter ? Il fallut pourtant en passer par-là. Champeaux avoit sur Abélard en intrigue, ce que Abélard avoit sur Champeaux en subtilité, & chacun combattoit avec les armes qu'il sçavoit le mieux manier. Ce qui mortifioit le plus le jeune Philosophe, c'étoit de ne pouvoir plus porter de près ses coups à son homme. Il se retira en attendant que l'orage fût passé, & que les choses changeassent de face. Mais toujours alerte, il observoit son ennemi, & il découvrît qu'ayant lui-même quitté Paris, il s'étoit retiré dans un village. Abélard crût pouvoir revenir dans la Capitale, puisque Champeaux qui avoit été la cause & l'occasion de sa retraite, n'y étoit plus. Mais quel attrait pouvoit avoir Paris, pour Abélard, Champeaux n'y étant pas ? le voici. Il falloit qu'il tournât ses armes contre quelque nouvel ennemi, parce qu'il étoit trop dangereux d'attaquer Champeaux, qui sans répondre en forme aux Syllogismes, trouvoit le moyen d'écarter ses ennemis, & il n'y avoit que la Capitale qui pût fournir à l'illustre Logicien,

des adversaires dignes de sa colere. C'étoit donc tout ce qu'il pouvoit faire de mieux que d'y aller. A peine y fut-il, qu'il voulut entrer en lice, avec le Professeur qui avoit succedé à Champeaux : sa valeur ne pouvoit souffrir l'inaction. Champeaux sur l'avis de l'entrée de l'ennemi dans la Capitale, accourut en diligence au secours de son successeur, dont il pressentoit le danger. Le secours ne fut pas ou assez prompt, ou assez fort ; l'ennemi avoit pénetré trop avant : la Troupe du Professeur étoit déja dissipée, & s'étoit rangée du côté d'Abélard, qui regarda ces nouveaux Disciples à peu près comme un General d'Armée regarde des prisonniers de Guerre. Le pauvre Professeur entierement abandonné de ses Ecoliers, n'avoit plus que la confusion de n'a-
voir

voir pû les conferver, confufion trop grande pour pouvoir déformais paroître dans le monde avec honneur. Du moins le jugea-t-il ainfi. Il conclut qu'il n'y avoit que les ténébres d'un Monaftere, qui puffent fuffifamment dérober aux yeux des hommes fa honte & fon ignominie. Champeaux fongea en homme fage à remedier au mal autant qu'il étoit poffible : il ne falloit pas laiffer tout à l'abandon, & en proye à l'ennemi prefent. Il ramaffa comme il pût, les débris des Ecoliers difperfez, & chercha un fucceffeur à fon premier fucceffeur devenu Moine. Mais il raffembloit le troupeau, tandis que le loup étoit aux portes de la bergerie, parlons fans figure, il préparoit à Abélard un triomphe plus grand que le premier. L'illuftre Logicien étoit plus redoutable que jamais après les victoires déja remportées : elles l'encourageoient, autant qu'elles devoient intimider ceux qui auroient désormais à faire à lui. Le nouveau Professeur quel qu'il pût être, risquoit beaucoup, ofant paroître fur la scéne. Quelque part qu'il jettât les yeux, il ne pouvoit appercevoir que des précipices. D'un côté il voyoit ses deux predecesseurs atterrez ; de l'autre côté il voyoit à quatre pas de lui & presqu'à ses trousses, celui qui les avoit si maltraitez : tout cela étoit bien décourageant. Aussi ce troisiéme Professeur ne tint-il pas longtems; il se rendit presque sans coup férir. Cependant le victorieux Abélard le trouva encore trop hardi, d'avoir seulement osé se produire publiquement avec le titre de Professeur ; tout devoit désormais lui être soumis, & s'ériger en Maître devant lui, c'étoit lever l'étendart de la rebellion. Il regarda donc l'action du Professeur comme un attentat, ou plûtôt comme une félonie qu'il crut devoir punir, en le mettant en quelque sorte au ban de son Empire : le Professeur fut privé de ses Ecoliers, de sa Chaire, de sa qualité de Maître, & il fut réduit à devenir lui-même Ecolier d'Abélard.

Qu'est-ce que celui-ci pouvoit souhaiter encore ? Il s'étoit acquis la réputation la plus brillante, personne n'osoit plus lui tenir tête, il avoit une classe nombreuse, & il l'avoit à titre de conquête, circonstance aussi glorieuse que singuliere. Cependant, le croiroit-on, il ne trouve pas dans tous ces avantages dequoi se contenter : il aime mieux être Ecolier disputant que Maître

I ij

paisible : il soupiroit après un adversaire : il falloit de l'exercice à sa valeur. Champeaux étoit devenu Evêque, & la crosse jointe aux mauvais tours qu'il sçavoit jouer sous main, acheva de le mettre à couvert des traits d'Abélard, qui ne vouloit se battre qu'armes égales. Jettant les yeux sur tout ce qu'il y avoit de plus celebre parmi les Sçavans du Royaume, il voit qu'Anselme qui enseignoit la Théologie à Laon, étoit celui qui avoit le plus de réputation. Il n'en fallut pas davantage pour déterminer Abélard à aller étudier sous lui.

Anselme étoit un vieux Professeur, qui n'étoit plus dans le goût des subtilitez de Logique. Le grand âge avoit un peu appesanti son esprit, & ce n'étoit guéres qu'à la faveur de sa réputation, qu'il se soutenoit encore avec honneur dans l'exercice des Sciences. Abélard n'étoit nullement un Ecolier propre pour lui, ni lui un Maître propre pour Abélard. S'ils se fussent connus mutuellement, ils n'auroient jamais rien eû à démêler ensemble. Mais les choses étoient trop engagées : il n'y avoit pas moyen de reculer : Abélard devint Ecolier d'Anselme. A peine eût-il pratiqué ce nouveau Maître, qu'il le connut bien different de ce que la voix publique lui en avoit fait croire. Il n'y a pas de jolies choses qu'il ne dise sur Anselme, sur la pesanteur de son esprit, sur ses discours graves & sententieux dénuez de pensées tant soit peu fines, sur la disproportion immense de sa réputation à son état réel. Selon Abélard, Anselme n'est que l'ombre de son grand nom, & à ce propos, le Disciple critique applique à son Maître cet endroit de Lucain.

......stat magni nominis umbra,
Qualis frugifero quercus subli-
mis in agro.

Deux caracteres d'esprit aussi opposez que ceux d'Anselme & d'Abélard, étoient absolument incompatibles. Le Disciple ne pouvant tenir à la lenteur ennuieuse du Maître, le quitta, & se mit lui-même à enseigner. Il entreprit d'expliquer Ezéchiel, & il s'en acquitta avec tant de succès, qu'il eût bien-tôt beaucoup plus d'Ecoliers qu'Anselme. Le vieux Professeur extrêmement jaloux de sa réputation, ne pût voir qu'avec le plus vif chagrin, qu'elle recevoit une fâcheuse atteinte dans cette occasion. Sa Classe se dépeuploit chaque jour, & il eût beau redoubler ses soins pour conserver ses Ecoliers, leur rappellant l'idée de son ancienne valeur : son tems étoit passé : Abélard étoit à la mode : presque tous les Ecoliers se rangeoient du côté de ce dernier, & pour arrêter le cours d'un succès si éclatant, il fallut qu'Anselme eût recours à l'autorité. Il fit défendre à Abélard de plus enseigner, & il tint si bien la main à l'observation de la défense, que son concurrent fût obligé de sortir d'un endroit où il ne pouvoit plus rien faire. C'est ainsi que les trop grands succès d'Abélard tournoient toujours à son désavantage.

Il s'en retourna donc à Paris. Mais cette ville n'avoit plus personne capable de lui résister, & comment vivre sans quelque adversaire ? Tout son exercice se réduisit à expliquer les prophéties d'Ezéchiel, exercice qui à la fin ne pouvoit que languir, privé de la dispute qui en devoit être l'assaisonnement & comme l'ame. L'inaction fut aussi fatale à Abélard, qu'elle le fût autrefois à Annibal, quand au lieu de travailler vivement à recueillir les fruits de la celebre victoire remportée à Cannes sur les Romains, il s'arrêta à Capouë. L'amour des plaisirs suivit l'inaction à l'égard du Logicien, comme à l'égard du Général Carthaginois, & l'ancienne bravoure s'évanouit bientôt dans le premier, comme dans le second. Abélard chargé de lauriers, & n'en voyant plus à recueillir, crût qu'il pouvoit glorieusement reposer à l'ombre de ceux qu'il avoit déja recueillis. Il étoit à la fleur de l'âge, il avoit de la grace dans tout son exterieur, il chantoit bien, il sçavoit faire des Vers, l'argent ne lui manquoit point : tout cela secondé de sa grande réputation, lui ouvroit les portes de toutes les maisons de Paris. Il n'étoit pas d'une modestie à se cacher les avantages qu'il avoit, & il reconnoissoit fort bien qu'il n'y avoit pas de conquête, dont il ne pût venir à bout. Il entreprit celle d'Héloïse qui lui avoit touché le cœur, & le rusé Logicien s'y prit de cette sorte.

Héloïse étoit niece d'un Chanoine appellé Fulbert, & elle logeoit chez lui. Il falloit trouver le moyen de s'introduire dans cette maison. Abélard voyant bien que c'étoit-là un coup de partie, étudia le caractere & le foible de Fulbert. Il reconnut que la passion du Chanoine c'étoit beaucoup d'attachement à l'argent, & beaucoup de zele pour l'inſtruction d'Héloïſe, qui ſe mêloit de Science, où elle avoit déja fait des progrès capables d'en faire attendre les plus brillans dans la ſuite. Abélard prit Fulbert par ces deux endroits à la fois. Il lui propoſa de le recevoir chez lui en penſion, lui promettant ſur le marché d'enſeigner la Philoſophie à ſa niece. La choſe étoit trop bien concertée pour ne pas réuſſir. Le Chanoine prit, comme on dit, la balle au premier bond. Abélard fut donc introduit où il vouloit, & il n'eût garde de s'arrêter en ſi beau chemin. Il ſe paſſa entre le Maître & l'Ecoliere bien des choſes étranges, telle que peut inſpirer la paſſion la plus vive de part & d'autre. Il les faut enſevelir dans un éternel oubli : du moins ce ne ſera certainement pas moi qui contribuerai à en perpetuer la mémoire, dévoilant le myſtere d'iniquité. Je me contenterai de remarquer, que tandis que tout Paris retentiſſoit du déſordre, le bon homme Fulbert uniquement attentif à ſes interêts, ne s'appercevoit de rien : qu'il oppoſoit toujours l'incredulité la plus forte à tout ce que ſes amis crurent lui devoir repreſenter là-deſſus : que forcé à la fin d'ouvrir les yeux ſur ce qui ſe paſſoit dans ſa maiſon, il en chaſſa Abélard. Mais il n'étoit plus tems : le mal avoit trop gagné : Héloïſe étoit déja avancée dans ſa groſſeſſe, & vint bien-tôt au monde le fameux Aſtrolabius ; c'eſt ainſi qu'on appella le fruit du peché, nom veritablement convenable à l'enfant d'un pere Sçavant & d'une mere Sçavante.

La parenté allarmée du malheur arrivé, ſongea à le reparer

autant qu'il étoit possible. Elle voulut qu'Abélard épousât au moins secretement celle qu'il avoit violée. On aura de la peine à croire que toute la difficulté fût d'avoir le consentement d'Héloïse pour le mariage clandestin. Elle n'y vouloit pas absolument entendre, non point comme dit Moreri, parce qu'elle se faisoit un scrupule d'ôter à l'Eglise de Dieu un si excellent sujet, mais réellement parce qu'elle craignoit que les liens du mariage ne refroidissent l'amour d'Abélard pour elle. Il fallut pourtant se rendre aux instances des parens, & Abélard après l'avoir épousée l'envoya à un Monastere de Religieuses, auxquelles elle se conforma tellement, qu'il ne lui manquoit que le voile pour être en tout comme elles. Les parens d'Héloïse s'imaginerent qu'Abélard les jouoit encore, & leur patience poussée à bout, en fit une fois entrer quelques-uns avec furie dans sa chambre, où ils le mirent hors d'état de jamais plus attenter à l'honneur du sexe. Le pauvre Logicien tout déconcerté de ce nouveau genre de châtiment, en conçût une telle confusion, qu'il alla se cacher dans les tenebres d'un Monastere.

Il choisit l'Abbaye de S. Denis. Les Moines, dit l'Histoire, y vivoient dans la dissolution, & Abélard condamnoit sans aucun menagement leur conduite par ses discours & par sa vie reglée: Il alla si loin, qu'il devint enfin un Censeur trop incommode pour pouvoir être souffert plus long-tems. Il fut congedié par ses Confreres, & comme les plaisirs ne partageoient plus son esprit, son ancienne ardeur pour l'exercice des Sciences, se réveilla, & parût avec plus d'éclat que jamais. Il se mit à enseigner, & il n'est pas concevable quelle étoit la multitude des Ecoliers qui l'alloient entendre. Il n'étoit pas d'un caractere à croire aveuglement tout ce que la Religion propose. Il vouloit voir les raisons de tout, & soumettoit à l'examen le plus rigoureux les matieres de Théologie. Voulant expliquer Philosophiquement les Mysteres de la Foi, pour contenter ses Ecoliers, qui le pressoient là-dessus, il donna prise sur lui à ses ennemis, qui l'accuserent d'hérésie. Ils prétendoient que selon sa maniere d'expliquer la Trinité, il n'y avoit qu'une personne dans la Trinité. Abélard l'expliquoit en la comparant à un Syllogisme, qui represente les trois personnes de la Trinité par les trois propositions qu'elle renferme, &

l'unité de Dieu, par l'unique verité qu'elles forment toutes trois. Quand on examine exactement le fonds de la comparaison, elle va plûtôt à admettre trois Dieux dans la Trinité, qu'à en réduire les trois personnes à une seule, puisque chacune des trois propositions d'un Syllogisme, peut être une verité, & doit même l'être, si le Syllogisme est concluant. Tout cela n'empêcha point qu'Abélard ne fût déferé comme Heretique au Concile de Soissons, qui le condamna à jetter lui-même au feu les écrits où étoient les erreurs dénoncées, & à se renfermer dans le Monastere de S. Médard.

Il étoit écrit qu'Abélard seroit en butte à la contradiction. Son caractere extrémement vif & tant soit peu turbulent, y pouvoit bien contribuer. Il osa dire publiquement que S. Denis venu en

France, n'étoit pas S. Denis l'Aréopagite, comme on l'avoit crû jusqu'alors. Un tel langage ne pouvoit guéres manquer d'être relevé. Abélard fut regardé comme un criminel d'Etat, qu'il falloit punir d'une maniere éclatante. Peut-être ne parla-t-il de la sorte, que pour se tirer de l'esclavage, où il étoit parmi des Moines, dont les maximes & les mœurs ne s'accordoient point avec les siennes: du moins avons-nous lieu de le croire, quand nous faisons reflexion au tour politique dont se servit le rusé Logicien pour obtenir permission de vivre où il voudroit. Il fit entendre à la Cour qu'elle ne trouvoit jamais mieux son compte dans les Abbayes, que quand les Moines y étoient déréglez, qu'il ne falloit qu'un seul pour contenir les autres dans le devoir, ou du moins

moins pour les obliger de sauver les dehors de la régularité, qu'ainsi il étoit expédient qu'il quittât entierement des Moines qui avoient des principes de morale tout-à-fait opposez à ceux qu'il suivoit. Le stratagême réüssit à souhait.

Abélard Maître de lui-même, alla en Champagne dans le Diocese de Troyes, se choisir une solitude où il fit bâtir un oratoire : c'est le fameux Paraclet. Sa passion dominante, c'est-à-dire, l'envie de disputer & d'enseigner, le suivoit par tout. Les commencemens de sa nouvelle carriere eurent autant ou plus de succès, que l'illustre Logicien en eût jamais eû. Mais le cours en fut bientôt interrompu, & le pauvre Abélard se trouva replongé dans de plus grands embarras que jamais, à l'occasion de quelques propositions qu'il avoit enseignées.

Ce ne fut plus à Champeaux, ni à Anselme qu'il eût à faire. Il eût à ses trousses S. Norbert & S. Bernard, qui le pousserent avec une vigueur, qu'il n'avoit pas encore éprouvée. Ces deux Saints, avec ce zele plein de vivacité qu'inspire la sainteté, penserent tournerent la tête à Abélard, tout aguerri qu'il étoit aux combats, & aux traverses. L'Histoire nous apprend, qu'entierement poussé à bout, il eût quelque pensée d'aller chercher parmi les Infidelles, un repos qu'il ne trouvoit point parmi les Chrétiens. Il résista neanmoins à la tentation, ou peut-être même n'eût-il pas le moyen de venir à l'execution. Quoi qu'il en soit, Abélard ne quitta point la France, & avant la convocation du Concile, où sa Doctrine devoit être jugée, il fut élû Abbé de Ruis dans le Diocese de Vannes.

Mais ce fut pour son malheur. Les dangers qu'il courut à Ruis n'alloient qu'à lui faire craindre à tout moment d'être assassiné par ses propres inferieurs, qui engagez dans le libertinage, ne pouvoient souffrir un Superieur trop attentif à leur conduite. Il nous donne une vive idée de son état, en le comparant à celui de Denis le Tyran, qui croyoit toujours voir sur sa tête un poignard pendu à un filet & prêt à tomber.

Pour surcroit de malheur, l'Abbé de S. Denis chassa les Religieuses du Couvent où étoit Héloïse. Quelque embarrassé qu'Abélard se trouvât de son côté, sensible neanmoins au triste état de sa chere moitié, il songea à y pourvoir. Il lui ceda le Paraclet, où elle se retira avec quelques Religieuses dont elle fût la Prieure, & pour adoucir encore par sa presence, le malheur arrivé, il la visita assez fréquemment, malgré la distance des lieux : ce qui donna occasion à bien des discours désavantageux, qu'il ne devoit plus craindre, ce semble, mutilé comme il l'étoit.

Cependant le temps du Concile de Sens arriva, & Abélard fut sommé de se désister. Il vit d'abord que les choses tournoient mal pour lui, & il voulut évoquer son affaire au Pape: il ne fut point écouté. Le Concile alla son train, le condamna, & fit confirmer la condamnation par le Pape Innocent II. Louis VII. & S. Bernard assisterent au Concile, & ce dernier fut le principal Promoteur de la condamnation d'Abélard, qui continuellement fatigué par ses adversaires, & devenu l'objet de l'éxécration publique par leurs mauvais services, pensa tomber dans le découragement. Pierre le venerable en eût compassion. Il le reconcilia avec le Saint Siege, & avec ceux qui lui avoient été les plus opposez. Enfin il le reçût parmi ses Religieux avec une charité & une tendresse vraiment paternelles. Tout cela n'empêcha pas que la vie ne devint amere à Abélard : il venoit d'essuyer trop de contradictions & de trop d'endroits : l'affligeante idée lui en restoit toujours : les peines d'esprit les plus vives le rongeoient peu à peu, & lui altérerent tellement la masse du sang qu'il mourut galeux, triste fin qui ne soutient point le brillant du commencement & du milieu.

Pierre Abélard étoit né en Bretagne proche de la ville de Nantes, à la fin de l'onziéme siecle, ou au commencement du douziéme, & il est mort l'an 1142, au Prieuré de S. Marcel auprès de Châlons. Son corps fut envoyé à Héloïse : les uns difent que ce fût à la priere d'Héloïfe même : d'autres prétendent qu'Abélard l'avoit ainfi ordonné : il y en a qui foutiennent que Pierre le vénérable voulut faire de lui même ce plaifir à Héloïfe : il y a des raifons plaufibles pour chacun de ces trois fentimens. Quoi qu'il en foit, Abélard fût enterré au Pa-

AVERROEZ.

Il n'y eût peut-être jamais de Philosophe plus heureux que celui-ci en réputation. Il a été regardé comme un Oracle, & on ne sçauroit croire quelle vogue il a eû dans les Ecoles jusqu'au dernier siecle. Elle pourroit bien devoir en partie son origine à la vanité des Scolastiques, qui generalement parlant, trop avides de gloire, la plûpart malgré la haute sainteté de l'état Religieux qu'ils avoient embrassé, ne cherchoient qu'à l'emporter les uns sur les autres, sans consulter guéres les interêts de la verité. C'étoit parmi eux des

disputes continuelles, pleines d'entêtement & d'aigreur, souvent sur des chimeres, ils subtilisoient à l'infini pour imaginer des raisons favorables à leurs sentimens, & comme l'obscurité d'Averroez rendoit ses Ouvrages susceptibles de plusieurs sens differens, chaque Philosophe les pouvoit expliquer en sa faveur: avantage dont il ne manquoit pas de profiter. Ils étoient donc interessez les uns & les autres à faire valoir le merite de celui qui leur fournissoit à tous des armes pour se défendre. De là probablement la grande réputation & la grande vogue d'Averroez, cette affectation continuelle des Scolastiques à le citer, cette déference respectueuse à son autorité. Chacun vouloit absolument avoir cet Auteur de son côté, & il s'attribuoit la victoire,

re, quand il se le croyoit favorable, comme si par une prérogative jusqu'ici inouïe, les idées de ce Philosophe étoient d'une certitude à ne souffrir aucun doute. On diroit que les Scolastiques, pour terminer leurs différens, étoient tacitement convenus de ce principe, que le sentiment contesté seroit regardé comme vrai ou comme faux, selon qu'il se trouveroit conforme ou contraire à celui d'Averroez.

Il falloit que celui qu'ils prenoient pour Juge Souverain de leurs disputes, fût dans leur idée un Juge bien éclairé. Aussi quels éloges pompeux ne lui ont-ils pas donné ? Pour le moins égal à Aristote, il effaçoit tout ce qu'il y avoit d'autres Philosophes, & nommément S. Thomas : c'étoit un esprit vigoureux, qui se jouoit des difficultez les plus épineuses :

L

rien n'étoit comparable à sa manière de raisonner pleine d'un discernement exquis, d'une solidité inébranlable, & sur tout d'une subtilité merveilleuse, qui le mettoit incontestablement au-dessus de tous les autres Auteurs: ce génie profond, embrassant toute l'étendue de son sujet, en voyoit tous les tenans & aboutissans: il épuisoit la matiere, quand elle n'étoit pas inépuisable : il creusoit si avant, qu'il ne laissoit guéres plus lieu à la dispute : en un mot le Commentateur faisoit valoir l'original avec tant d'avantage, qu'il y avoit raison de douter si Aristote ne pensoit pas mieux dans les Commentaires d'Averroez, qu'il n'a réellement pensé dans son Texte. Tel a été à peu près le langage qu'on a tenu sur le Philosophe Arabe dans la République des Lettres durant plusieurs siecles, langage qui a perſuadé un nombre prodigieux de Sçavans, juſques-là qu'ils ſe faiſoient une gloire & ſe vantoient hautement d'être Averroïſtes.

Tout ce qu'on a dit de merveilleux ſur Averroez, a occaſionné un éxamen ſérieux de ſes Ouvrages, qui dans les uns a confirmé les premieres idées, & qui dans les autres les a entierement détruites : tant il eſt vrai que nos jugemens ſont bien remplis d'incertitude, puiſqu'il s'en trouve qui ſont diamétralement oppoſez ſur un même ſujet.

Un des Auteurs qui a combattu avec le plus de chaleur la haute idée qu'on avoit d'Averroez, c'eſt Louis Vives. Sa vivacité l'a certainement emporté trop loin. S'il y étoit allé d'une maniere où la paſſion & la prévention n'euſſent pas été ſi viſibles, il eſt à

L ij

croire, qu'avec la réputation qu'il a d'être judicieux, il eût entraîné dans son sentiment bien des gens, qui s'en sont d'abord éloignez à la lecture de ses invectives outrées, & pleines d'aigreur. Selon Vives, Averroez est un ignorant achevé, qui s'est mêlé de mettre en Arabe les Ouvrages d'Aristote, sans sçavoir le Grec, entreprise téméraire, s'il en fût jamais. Aussi qu'en est-il arrivé ? ce qui devoit arriver nécessairement. Le Commentateur tombe dans des contre-sens perpétuels, qui une fois admis, ouvrent la porte à une foule d'idées tout-à-fait étrangeres au Texte. Entre les mains d'Averroez, Aristote n'est plus Aristote, & au lieu de la Doctrine du Philosophe Grec, que nous avions sujet d'attendre, nous avons celle du Philosophe Arabe.

De là combien de maux ? Les

Arabes Maîtres de la meilleure partie de l'Europe, communiquerent leurs Livres à leurs Sujets, qui s'étendoient depuis les Indes jusqu'à l'Espagne. Les Espagnols porterent en France & en Italie les Commentaires d'Averroez, le plus estimé des Philosophes Arabes. Les Latins trop crédules & séduits par la grande réputation du Commentateur, ont négligé d'aller aux sources mêmes, où ils croyoient ne pouvoir rien découvrir, qui eût échapé à Averroez bien plus habile qu'eux dans leur idée. Il est vrai que les plus célébres Philosophes Latins qui ont vêcu jusqu'aux derniers siecles, n'étoient pas en état de consulter par eux-mêmes le Texte d'Aristote, ne sçachant point le Grec. Mais ne l'eussent-ils point appris, s'ils en avoient compris la nécessité, que la trop bonne opinion qu'ils avoient du Commentateur Arabe, ne leur a pas seulement permis de soupçonner? Ainsi quand ils ont voulu travailler sur Aristote, ils se sont servis de la version d'Averroez, quoique si défectueuse, & parcequ'en matiere de versions, plus elles sont multipliées, les unes servant de modele à d'autres, plus elles s'éloignent du Texte, on peut juger ce qu'a pû valoir la version Latine faite sur l'Arabe.

Cependant c'est dans cette source, que les Scolastiques, qui ont eû tant de vogue durant plusieurs siecles, ont puisé leur Doctrine. Albert le Grand, S. Thomas, Scot, &c. n'ont connu Aristote que par le canal d'Averroez, qui ne le connoissoit guéres lui-même, & c'est une remarque à faire, que la Philosophie d'Aristote est tombée parmi les Latins, selon toutes les apparences, sans qu'ils l'ayent jamais connu tel qu'il est. Si Averroez a ignoré le Grec au point que Vives & encore d'autres Auteurs le prétendent, Aristote doit être dans le Texte, bien différent de ce qu'on l'a crû jusqu'ici, & avec le secours de quelque Sçavant zelé qui nous l'eût fait connoître fidellement, peut-être le Philosophe Grec se seroit-il soutenu malgré tout le solide & le brillant des Philosophes Modernes. Je ne dois point dissimuler ici qu'un des plus grands génies, qui ayent paru dans ces derniers tems, c'est le célébre M. Leibnitz, a déclaré, qu'à remonter au Texte, Aristote est incomparablement meilleur qu'il ne l'est dans ses Commentateurs, où on a bien de la peine à le reconnoître, tant il est défiguré, & le même n'a pas craint d'ajouter,

L iiij

qu'il croyoit le Philosophe Grec comparable ou même préferable à Descartes dans l'état réel des choses, restriction essentielle sur laquelle porte le jugement de ce grand homme, plus en état que personne de prononcer là-dessus.

D'où vient donc qu'Averroez, tout ignorant qu'il est suivant Vives, a néanmoins enlevé tant de suffrages ? La demande est naturelle, & il est juste d'y satisfaire. Vives ne trouvant la réputation d'Averroez fondée, ni sur l'éxactitude, ni sur l'étendue des lumieres, ni sur l'élocution qu'il dit être des plus barbares, ni sur le style, encore plus barbare, s'il étoit possible, en attribue la cause à la grande obscurité de l'Auteur.

Je ne sçais comment le Critique l'entend. L'obscurité seule d'un Auteur fût-elle jamais la source d'une grande réputation ? Je conçois bien que quand cette réputation est déja établie, l'obscurité répandue dans plusieurs endroits, bien loin de la détruire, ne sert quelquefois qu'à l'augmenter. Les Lecteurs ne pouvant se persuader qu'un Auteur d'un si grand nom, n'ait des lumieres bien plus profondes qu'ils n'en ont eux-mêmes, il est naturel qu'ils s'imaginent que les endroits obscurs où ils ne peuvent rien comprendre, & où, si l'on veut, il n'y a réellement rien à comprendre, sont remplis d'un sens trop relevé pour les esprits ordinaires. Sur ce principe, ils admirent ce qu'ils ne comprennent point, mais d'une admiration bien plus profonde que ce qu'ils comprennent : ils s'efforcent de découvrir quelque sens plausible, & ils croyent que le sens le plus conforme à la raison, est toujours celui de l'Auteur, à qui ils prêtent ainsi ce qu'ils peuvent trouver de meilleur. Mais tout cela suppose une réputation déja acquise, & pour l'expliquer, il faut joindre à l'obscurité d'Averroez un fonds de mérite réel, puissamment secondé par la vanité des Scolastiques, comme je l'ai dit au commencement.

La réponse de Vives ne sert qu'à montrer le desir qu'il a de faire revenir les esprits, de la trop grande estime qu'ils ont conçûe pour Averroez, desir louable, à considerer les motifs de Religion, qui l'excitent probablement. L'impitoyable Critique trouve qu'Averroez est rempli d'erreurs très-pernicieuses à la foi, il prétend qu'outre la plupart de celles d'Aristote, le Commentateur en a soutenu de nouvelles également dangereuses : il ajoute qu'on ne sçauroit lire les Ouvrages du Philosophe Arabe, sans s'exposer à devenir Athée : enfin il nous le represente comme un impie, comme un scélérat, comme un ennemi déclaré de la Réligion Chrétienne. Voilà assurément de grands griefs, qui bien prouvez, devroient faire proscrire la Philosophie d'Averroez, & justifieroient pleinement les démarches que fit autrefois Raimond Lulle auprès des Papes & des Rois, pour arriver à cette proscription. Le zele de ce dernier échoua, & celui de Vives n'auroit pas eû plus de succès, selon toutes les apparences, s'il n'avoit été secondé par la naissance d'une nouvelle Philosophie, dont la brillante lumiere a fait éclipser l'ancienne Philosophie.

Quand j'éxamine les differens

griefs objectez à Averroez, j'en trouve qui sont bien fondez, & j'en trouve d'autres qui ne le sont point. Il est rare que dans une grande réputation, il n'y ait un certain fonds vrai. Je veux qu'Averroez ne soit pas aussi estimable, qu'il a été estimé ; il n'en faut pas conclure qu'il ne soit réellement estimable. Si au lieu de nous donner la Philosophie d'Aristote, il nous a donné plûtôt la sienne propre. Il n'est à la vérité Commentateur que de nom, quoiqu'on l'ait appellé le Commentateur par Antonomase, comme on a apellé Cicéron, l'Orateur Romain, & Aristote, le Philosophe : mais c'est toûjours un Auteur qui raisonne avec beaucoup de subtilité & de profondeur. Sa prétendue obscurité n'a pas empêché qu'on n'ait trouvé dans ses Ouvrages, ou qu'on n'ait cru y trouver quantité de choses excellentes, & le suffrage unanime de tout ce qu'il y a eu de Philosophes diftinguez parmi les Scolaftiques, eft un fuffrage bien flateur pour Averroez, quoiqu'il ne le foit pas néanmoins autant qu'il le feroit, s'il partoit de gens moins échauffez & moins entêtez.

On ne peut difconvenir que le Philofophe Arabe n'ait donné dans plufieurs fentimens qui ne fçauroient s'accorder avec notre fainte Foi. Ses principales erreurs fe réduifent aux fuivantes. 1. Il foûtenoit qu'il n'y avoit qu'un entendement, abfolument le même dans tous les Individus. 2. Il rejettoit la Religion Chrétienne, non-feulement à caufe du Myftere de l'Euchariftie qu'il traitoit de chimére, mais encore à caufe de la création du monde qu'elle admet, & dont Averroez nie la possibilité, sur ce fameux principe des Anciens, qu'on ne peut faire de rien quelque chose. 3. Selon ce Philosophe, Dieu ne connoît pas les choses particulieres, & la raison de ce sentiment, c'est qu'elles vont à l'infini, où les vûes de Dieu ne s'étendent point. Ainsi la Providence n'embrasse pas les Individus de ce monde; elle se borne à ce qu'il y a de plus général. 4. Il croyoit que tous les Etres spirituels sont de toute éternité. 5. Il ne regardoit pas l'ame, qu'il nomme intellective, comme la forme du corps. 6. L'entendement ou l'intellect & le corps, ne font pas plus un troisiéme Etre par leur union, que le Moteur du Ciel & le Ciel même.

Si Averroëz a soutenu ces erreurs, en revanche il en a rejetté plusieurs qui avoient cours parmi les Philosophes Arabes. Avec quelle force n'a-t-il pas combatu dans son Ouvrage intitulé, *Destructiones destructionum*, celles d'Algazel, qui nioit que le monde fût l'Ouvrage de Dieu, non-seulement par création, mais en aucune autre maniere: que Dieu fût un Agent: qu'il fût unique, simple, incorporel: qu'il ne peut y avoir deux natures incréées?

Il n'y a qu'un esprit prévenu, & qu'une imagination échauffée, qui puissent vouloir nous faire croire que les Ouvrages d'Averroez rendent impies leurs Lecteurs. Albert le Grand, S. Thomas, Scot, &c. ne les ont-ils pas lûs & relûs, sans que leur Religion, leur pieté, disons tout, leur haute sainteté en ayent reçu aucune atteinte? Ces excès de déchaînement, bien loin de décrediter le Philosophe Arabe, contribuent plûtôt par leur fausseté manifeste, au moins en certains points, à persuader que c'est son grand mérite réel, qui l'a exposé aux traits de l'envie. Je ne prétends pas néanmoins qu'Averroez ait eu grande Religion. Un Auteur peut n'en avoir guéres, sans que ses Ouvrages tendent à l'Atheïsme. Convenons de bonne foi, qu'il ne paroît pas que le Philosophe Arabe ait goûté aucune Religion. Nous avons déja vû les deux raisons qui lui faisoient rejetter la Religion Chrétienne. Il traitoit la Juive, de Religion puérile, à cause des observations Légales. La Mahométane qu'il professoit, il la regardoit comme une Religion de pourceaux, parce qu'elle autorise les plaisirs charnels. Il osa avancer des propositions, qui heurtoient trop directement la Doctrine de l'Alcoran, pour ne lui pas susciter de mauvaises

vaises affaires. Il fut dénoncé comme Hérétique, & condamné, après que ses biens eurent été confisquez. Continuellement exposé aux insultes les plus sanglantes de la populace, il fut obligé de quitter son pays. Il se jetta dans le Royaume de Fès: mais il y fut reconnu, & peu s'en ait fallu que sa trop grande liberté à manifester ses sentimens sur la Religion ne lui ait coûté la vie. Plusieurs de ses Juges opinoient inéxorablement à la mort: d'autres plus modérez & plus sages, craignant qu'une punition de cette sévérité sur une tête si illustre, ne rendit odieuse leur Religion, firent pencher la balance d'un côté plus favorable à Averroez. Il fut condamné à sa rétracter devant la porte de la Mosquée, après que ceux qui y entroient lui eurent craché au visage. Il ne faut pas douter que cet Auteur n'ait eu peu de Religion ; c'étoit un Philosophe entierement dévoué aux lumiéres de fa raison, & voilà tout. Ces fameufes paroles qu'on lui attribue : *Moriatur anima mea morte Philofophorum*, ne le prouvent que trop.

L'Epithéte de fcélérat ne convint jamais à Averroez. A confidérer le caractére de fon cœur, on y découvre mille belles qualitez, qui feront toujours regretter qu'elles n'ayent jamais eu la Religion ni pour principe, ni pour motif. Quoique né dans le fein de l'abondance, il fut toute fa vie d'une frugalité admirable ; il fe refufoit jufqu'aux plaifirs les plus innocens : jamais on ne le vit jouer : il s'attacha toujours au folide : fon travail étoit continuel : c'eft l'étude qui emportoit prefque tout fon tems. Outre la

Philosophie qu'il possédoit, au point que tout le monde le sçait, il apprit la Médecine, les Mathematiques, la Jurisprudence, la Théologie. Il professoit la premiere de ces quatre Sciences.

Que ne dit-on pas de merveilleux de sa patience ? Un jour de leçon publique, il y eût quelqu'un qui se détacha de l'assemblée pour lui aller dire à l'oreille une grosse injure. Le Professeur sans s'étonner de rien, se contenta de faire une inclination de tête en signe d'approbation, & laissa entierement tomber ce qui lui étoit arrivé. On n'en a été instruit que par le canal de celui qui avoit dit l'injure, & qui charmé de ce trait de patience, ne pût s'empêcher de le rendre public aux dépens de son honneur.

Le bon cœur d'Averroez qui fût Juge de son pays & de toute

la Mauritanie, ne lui permit jamais de juger par lui-même les criminels. Il se déchargea de cette partie des fonctions de sa Charge, sur d'autres personnes qu'il mit à sa place.

Sa liberalité ne connoissoit aucunes bornes, & ne sçavoit distinguer les ennemis d'avec les amis. Il avoit là-dessus une maxime pleine de grands sens, & de générosité. Il disoit qu'on est libéral par vertu, quand on l'est envers ses ennemis, au lieu qu'il n'y a qu'une pure inclination naturelle dans ceux qui bornent aux amis leurs libéralitez, & il ajoutoit qu'il ne pouvoit faire un meilleur usage de son argent, qu'en l'employant à changer ses ennemis en amis. Les gens de Lettres, dont les facultez ne répondoient pas à leur amour pour l'étude, attiroient principalement

AVEROES. 141

l'attention du charitable Averroez.

Il est étonnant qu'un homme qui ne portoit pas ses vûes au-delà de ce monde, ait été aussi détaché des avantages temporels, que l'a été Averroez. On lui demanda quelle étoit la situation de son ame, quand il essuyoit tant de mauvais traitemens de la part de la populace. Il répondit qu'il n'étoit nullement sensible à la perte de ses biens & de ses Charges, mais qu'il étoit véritablement confus de se voir en butte à tant d'insultes. Son desinteressement n'empêcha pas, qu'après avoir souffert une longue & rude pauvreté, il ne fut rétabli avec le tems dans la Charge de Juge de Mauritanie, & il est mort dans les fonctions de la Magistrature.

Averroez étoit né à Cordouë, vers le milieu du douziéme siecle.

Son pere étoit Chef des Prêtres & Grand Juge dans son pays. Averroez étoit Médecin de profession, quoi qu'il ait succédé aux grandes Charges de son pere. Il est mort en Afrique à Maroc l'an 1200.

ALBERT LE GRAND.

E surnom de Grand qui est commun à ce Philosophe avec ce qu'il y a eû de plus distingué dans les Etats les plus augustes, marque assez la haute idée qu'on en a eû. Il est vrai que les tems étoient heureux, pour obtenir des Epithetes honorables. Nous voyons que celles de Subtil, d'Irréfragable, d'Illuminée, de Résolu, de Solemnel, d'Universel & données à divers Docteurs particulier, ont leur époque dans le siecle d'Albert le Grand, ou dans

les siecles les plus voisins. Malheureusement les idées ont changé avec le tems à l'égard de ce dernier Auteur, & si son glorieux surnom n'avoit pas déja prescrit, il auroit eû de la peine à se soutenir contre la critique rafinée des Modernes, comme nous le verrons en son lieu.

Les commencemens d'Albert le Grand, ne promettoient rien de ce qu'on en a vû dans la suite. C'étoit un esprit bouché, qui avec le travail le plus constant de son côté, & tout le secours possible du côté des Maîtres, avoit bien de la peine à faire un seul pas en avant. A la vérité ce qu'il avoit une fois saisi, ne lui échapoit plus, & on a eu soin de nous apprendre que tout ce qui entroit dans sa tête, y demeuroit gravé avec des caracteres ineffaçables ; mais on ajoûte cette clause fâcheuse, cheufe, qu'il n'y entroit pas grand chofe. C'eſt à Padoue durant ſes premieres études, qu'il commença d'éprouver ſon peu d'ouverture pour les Sciences. Ce fut bien autre chofe, durant ſes études Clauſtrales, dans l'Ordre de ſaint Dominique. Le nouveau Religieux n'étoit pas ſi entierement occupé des chofes de Dieu, qu'il ne ſongeât aux Sciences profanes, avec grand defir d'y faire du progrès. Le defir étoit ſecondé d'un travail continuel: mais ce concours qui devoit, ce ſemble, produire quelque chofe de bon, n'aboutiſſoit à rien. La moindre difficulté arrêtoit le pauvre Etudiant, & pour ôter ce bandeau qui lui cachoit tout ce qui regardoit les Sciences, il fallut que la Mere de Dieu s'en mêlât. Voici comment on raconte la chofe; permis à un chacun de supléer par ses réfléxions à celles que je suprime.

Albert désolé de ne pouvoir rien faire dans ses études, & desesperant d'y réussir jamais, eût quelque pensée de quitter un état, dont les fonctions demandoient de la science. Le parti étoit violent, & la vertu du bon Religieux s'y opposoit. De-là un combat interieur, qui après avoir tourmenté cet Etudiant infortuné, jusqu'à l'épuiser, le jetta dans un profond sommeil. Mais bien loin de jouïr de quelque repos, Albert se trouva replongé plus que jamais dans les tristes idées qu'il venoit de rouler. Ce n'étoient plus de simples pensées de changement d'état : il y étoit entierement déterminé, & déja il escaladoit en songe les murs du Couvent. Quand il fut au haut de l'échelle, il fut rudement repoussé, & se trouva en bas environné de quatre Dames superbement parées. La plus brillante de toutes [c'étoit la Sainte Vierge, dit l'Histoire] demanda au fugitif la cause de sa désertion. Albert déclara tout. Le précis de l'entretien qu'on fit durer assez longtems, est qu'Albert, dans la liberté qui lui fut donnée de choisir la Science, où il voudroit exceller, se détermina à la Philosophie, & qu'il fût averti, que pour avoir ainsi préféré les connoissances naturelles aux surnaturelles, toute sa Science l'abandonneroit trois ans avant sa mort.

Depuis cette fameuse vision, les études d'Albert changerent bien de face; les nuages se dissiperent. Ce n'étoit plus cet esprit épais, qui ne pouvoit bien prendre aucune idée tant soit peu déliée ; il pénétroit avec une facilité étonnante les secrets les plus cachez de la Philosophie, & les Maîtres l'appelloient le Philosophe par excellence. Peu s'en fallut que le bon Religieux ne fut tenté de vanité à la vûë de ses grands succès, & pour le préserver de cet écueil, l'Histoire fait encore intervenir ici le secours de la Vierge, qui aux premieres promesses ajouta celle de l'empêcher toujours de tomber lui-même, ou de faire tomber les autres dans aucune erreur. Avec une protection si puissante, & toujours placée si à propos, les choses ne pouvoient que bien aller de toute manjere.

Albert déja suffisamment instruit pour lui-même, passa bientôt de l'état d'Etudiant à celui de Maître. La ville de Cologne, fut le premier théatre du nouveau Professeur, dont la grande réputation se répandit en peu de tems dans toute l'Allemagne, & fit desirer aux villes d'Hildesein, de Fribourg, & de Strasbourg, de profiter des lumieres d'un si habile homme. C'est sur tout à Paris qu'il eût de la vogue. La classe ne pouvoit contenir le grand nombre de ceux qui le venoient entendre, & il fallut tenir les assemblées à la place Maubert, dont le nom a été écorché de celui de Maître Albert.

Mais la grande réputation de cet Auteur a sa principale source dans ses Ouvrages. De quels éloges pompeux ne l'a-t-on point comblé ! C'est de lui qu'on a dit, qu'il a sçû tout ce qui se pouvoit sçavoir, *totum scibile scivit*. Tritéme nous assure que ce Philosophe n'a eû son pareil, ni dans son siecle, ni dans les suivans, pour l'étendüe de connoissances. Selon Thevet il a curieusement recherché les secrets de la nature, qu'on diroit qu'une partie de son ame a été tranfportée dans les Cieux, l'autre dans les airs, la troifiéme fous la terre, la quatriéme fur les eaux, & par la réunion de toutes les parties de cette ame, il n'a laiffé rien échaper de ce qui eft dans le monde. On voit affez ce que fignifie ce langage. Je pourrois raporter un tas de témoignages également glorieux à Albert le Grand. Quel préjugé avantageux ne forment-ils pas?

Mais les Critiques modernes qui ne fe laiffent pas éblouir par ces dehors fpecieux, & qui éxaminent tout au poids de la raifon, fans rien donner à la prévention, ont tenu fur Albert le Grand un langage bien différent, de celui de leurs prédéceffeurs. M. l'Abbé Fleuri, l'illuftre Auteur de l'Hiftoire Ecclefiaftique, n'a pas craint d'avancer qu'Albert le Grand ne lui paroiffoit grand que par la grosseur & le nombre de ses volumes. Un bel esprit en a dit autant, mais d'une maniere plus envelopée & trop badine pour un sujet si sérieux. Il comparoit les Ouvrages de ce fameux Auteur, à un corps de troupes, qui dans une armée rangée en bataille, fait bonne contenance, & ne quitte jamais le poste qu'on lui a une fois donné, c'est-à-dire qu'il les croyoit tout ensemble de parade & de rebut dans les Biblioteques. C'étoit sa pensée, & il l'expliquoit sur le même ton plaisant. Vingt-&-un volumes *in-folio* rangez sur une tablette, disoit-il, ne peuvent que bien figurer par leur uniformité, & ce lustre qu'ils conservent, quand on ne les manie guéres. Il faut avouër qu'en fait d'ouvrages, la quantité n'est pas un préjugé avantageux pour la qualité, dans le tems où nous sommes, au lieu que dans les siecles plus reculez, on étoit assez accoutumé à mesurer le mérite d'un Auteur, à la grosseur & au nombre de ses volumes. Delà peut-être cette diversité de sentimens sur Albert le Grand. Dépouillons-nous de tout préjugé à l'égard de ce Philosophe, & voyons quelle est au fonds l'idée que nous devons avoir de ses Ouvrages.

J'ouvre son premier volume, & après l'avoir parcouru, je vois que tout roule sur la Logique. En voilà déja assez, pour me donner une idée desavantageuse de l'Auteur, en qui je trouve à dire le discernement. Car enfin comment l'entend-il? La Logique n'est qu'une science instrumentale, ou préliminaire par raport aux sciences proprement dites, & il veut que pour se mettre seulement en état de les apprendre, on sache tout ce qui est contenu dans un grand volume *in-folio* ? Quand la Logique ne nous arrêteroit pas plus qu'une matiere ordinaire, dès qu'elle est si longue, elle demande un tems très-considerable. Que sera-ce donc, s'il nous faut passer par mille subtilitez & mille chicanes Métaphysiques, ou avec bien de l'attention, on a souvent de la peine à comprendre quelque chose ? Assurément de tels moyens ne facilitent guéres l'acquisition des Sciences, & fussent-ils encore plus efficaces qu'ils ne le sont, ils ne sçauroient convenir à la briéveté du tems que nous pouvons donner à l'étude. Dans cet endroit Albert le Grand a oublié qu'Aristote, son modele, n'a fait de toute la Logique, qu'un Traité assez court, & en s'étendant si fort sur cette matiere, il nous donne à connoître que son

Ouvrage est rempli de bien d'inutilitez.

Le second, le cinquiéme, & le sixiéme volumes traitent de la Physique. L'Auteur y employe souvent des principes, qui n'étant ni évidens, ni prouvez, rendent très-équivoque, tout ce qu'il en conclut. Par éxemple il supose sans preuve, ni expérience, que les pierreries ont des vertus semblables à celle de l'aimant, & sur cette fausse suposition il fait de grands raisonnemens pour expliquer les causes de ces vertus magnétiques.

Il semble qu'il n'ait en vûe que de grossir les volumes, sans faire attention à l'utilité, ou à l'inutilité des choses qu'il y fait entrer. Par éxemple il s'amuse à réfuter amplement des anciennes opinions déja refutées par d'autres, & tellement tombées, qu'il n'en étoit plus question en Philosophie.

Ses Ouvrages Philosophiques n'étant qu'une paraphrase de ceux d'Aristote, il paroît étonnant qu'au lieu d'appuyer de bonnes raisons, ses assertions, il se contente de rapporter l'autorité d'Aristote même, & celle de ses Commentateurs Arabes les plus illustres, entr'autres celle d'Averroez.

On ne reconnoît nullement l'Astronome dans ce qu'il nous a dit du Ciel, mais bien plûtôt l'homme entêté de l'Astrologie judiciaire. Car bien loin de la blâmer, il en parle comme d'une vraie Science, suposant les influances des Astres.

Selon le nouveau Géographe, Bizance est en Italie.

Dans les choses qu'il ignore, il hazarde ses conjectures, non comme des conjectures, mais comme des véritez constantes. Par exemple sans sçavoir le Grec, il entreprend d'en expliquer des mots, & le fruit de son courage, c'est de nous fournir des Etymologies, qui feroient rire les plus sérieux.

Au reste, il est étonnant qu'Albert le Grand ayant été aussi occupé au dehors qu'il l'a été, & ayant tant écrit, & sur tant de matieres différentes, il est, dis-je, étonnant que ses Ouvrages vaillent même ce qu'ils valent. On ne peut refuser à cet Auteur la gloire d'avoir été le premier des Latins, qui se soient instruits de ce qui regarde les Philosophes Grecs, Arabes, Hébreux, Egyptiens.

Quelques-uns lui ont attribué le Livre *De mirabilibus*, & cet autre *De secretis mulierum*, qui sont trop remplis de superstition, pour être de lui. Il y en a encore un troisiéme, également supofé, où tout ce qui regarde l'accouchement des femmes eft expliqué dans un détail qui allarmeroit la pudeur d'un dévôt de Marie, tel qu'étoit Albert le Grand.

Je ne fçais fur quel fondement quelques Auteurs ont avancé, que le fecret de la pierre Philofophale n'a pas été inconnu à notre Philofophe. Il paroît évidemment par fes Ouvrages qu'il n'a jamais donné dans les chimeres des Alchymiftes. S'il en parle, c'eft pour fe mocquer d'eux, & de leur prétenduë tranfmutation des métaux. Quand on recherche l'origine du fentiment contraire, on la trouve affez probablement dans la maniere prompte, dont Albert le Grand acquitta les dettes immenfes du Siege Epifcopal de Ratisbonne, où il fut élevé. La groffiereté des efprits de ce tems-là, leur faisoit regarder la chose comme inexplicable, à moins de recourir à la pierre Philosophale, dont l'idée leur paroissoit d'ailleurs d'autant plus plausible, qu'ils croyoient Albert le Grand, instruit de tous les secrets de la nature.

Ceux qui lui attribuent l'invention du canon, & des fusils, sont encore dans l'erreur.

J'en dis autant des Auteurs qui nous ont donné la fameuse machine parlante, comme une chose réelle & constante. Voici ce qu'ils ont voulu nous persuader. Ils prétendent qu'Albert le Grand avoit construit avec le secours de la Mécanique & de l'Astrologie, un homme tout entier, qui répondoit à ses interrogations, & lui donnoit la solution de ses plus grandes difficultez. La machine étoit composée d'un mélange de métaux choisis, & fondus quand le soleil étoit à tel ou tel signe du Zodiaque, selon qu'ils devoient entrer dans la composition de telles ou telles parties du corps. Il fallut trente années de travail pour achever la machine, & S. Thomas ne pouvant souffrir son trop grand babil, qui le détournoit de l'étude, la mit en pieces. Tel est le précis de l'Histoire sur ce point. Quand on y fait réfléxion, on est surpris avec raison, qu'elle ait trouvé créance parmi des Auteurs aussi graves, que le sont Tostat, Delrio &c. Tout ce qu'on peut conclure de cette prétenduë machine parlante, c'est qu'Albert le Grand, habile Mécanicien, en avoit fait apparemment quelqu'une, qui rendoit quelque son, approchant, si l'on veut, de la voix humaine, & que sur ce leger fondement, où il n'y a rien que de naturel, on a bâti des chimeres, qui ceſſoient de paroître chimeres, quand il s'agiſſoit d'Albert le Grand.

On peut dire certainement que la trop grande réputation a fait tort à ce Philoſophe. Selon la haute idée qu'on en avoit, ce qui paroiſſoit aux autres le plus difficile, diſons-le, impoſſible, n'étoit qu'un jeu pour lui. Toüt lui étoit connu dans la nature, juſqu'aux ſecrets même de la Magie : car l'extravagance de pluſieurs a été ſi loin, que de le croire; & il a falu que Naudé ait entrepris ſérieuſement de le juſtifier ſur cet article, dans ſon apologie des grands Hommes accuſez de Magie. L'Apologiſte fonde ſes preuves juſtificatives ſur le témoignage d'Auteurs dignes de foi : nous en allons tirer de plus concluantes, des mœurs irréprochables de l'accuſé, sé, & il faudra convenir, que s'il étoit Magicien, c'étoit un Magicien d'une nouvelle espece, qui a sçû entretenir commerce avec Dieu & le Démon.

L'étude qui d'ordinaire desséche si fort la dévotion, n'altéra jamais celle d'Albert le Grand. Le sçavant Religieux ménageoit si bien son tems, qu'il en trouvoit beaucoup pour l'étude, & beaucoup pour la priere. On auroit de la peine à croire une chose qu'on a écrite de lui, si plusieurs Auteurs de poids, ne l'attestoient de concert ; c'est que malgré sa grande application à l'étude, & ses autres occupations extérieures, il recitoit chaque jour le Pseautier tout entier. Quand on considere que cet éxercice de piété, joint à plusieurs autres indispensables dans son état de Religieux, emportoit une bonne partie de la journée, & que les divers emplois qu'il a eûs, soit dans son Ordre, soit ailleurs, ont dû l'occuper encore considérablement, on ne comprend pas comment il a pû nous laisser une si prodigieuse quantité d'Ecrits, sur tout dans des genres de Litteratures, qui demandent des méditations également longues & pénibles. Il est vrai qu'il a vêcu longtems, que sa santé étoit des plus robustes, que ses Ouvrages ne sont pas autrement châtiez : mais n'importe ; la chose telle qu'elle est, revêtue des circonstances que nous sçavons, a toujours du merveilleux, & montre, ce me semble, mieux que tout le reste, qu'Albert le Grand étoit effectivement un homme rare.

Après les services essentiels qu'il avoit reçûs de la sainte Vierge, pouvoit-il ne pas avoir du retour ? Il a toûjours conservé une tendre dévotion pour son insigne Bienfactrice ; il s'étudioit à faire naître des occasions de parler de ses sublimes perfections ; quand elle se présentoit cette occasion, il la saisissoit avec une ardeur, qui marquoit assez les sentimens de son cœur ; enfin il nous a laissé un monument éternel de sa dévotion pour Marie, dans le Livre qu'il a consacré tout entier à l'honneur de cette Reine des Cieux.

Les postes distinguez, qui ont tant d'attraits pour le commun des hommes, (n'exceptons point ici de la régle générale les Religieux, tout morts qu'ils doivent être au monde) étoient pour Albert le Grand, un objet d'aversion & d'allarmes. Nous en avons les preuves les moins équivoques. Son rare mérite, connu dans l'Ordre, pensa le mettre à la tête de tous ses Confréres. L'humble Religieux qui entrevit le danger, appella le Seigneur à son secours par les prieres les plus ferventes. Le Ciel sensible à ses vœux, détourna le coup, au moins pour cette fois-là : mais il ne lui fut pas toujours également favorable sur ce point. On vouloit absolument de son gouvernement, & il fallut à la fin se laisser fléchir. Les bons Religieux trouverent en Albert un Provincial aussi exemplaire qu'ils le pouvoient souhaiter. Il faisoit à pied, sans argent & demandant l'aumône, tous les voyages qu'il étoit obligé de faire dans le cours des visites des divers Couvens de la Province, une des plus étendues de l'Ordre. Mais comme il étoit exact observateur de la Regle, il vouloit que les autres le fussent aussi, & malheur à quiconque osoit s'émanciper. L'éclatante sévérité qu'il éxerça une fois, jetta la terreur dans l'esprit de tous les Religieux soumis à son autorité. Un d'entre eux étant mort, on trouva parmi ses dépouilles, quelque argent que les Supérieurs ne lui avoient pas permis d'avoir. Il n'en fallut pas davantage, pour déterminer le rigide Provincial, à faire déterrer l'infracteur de la Regle, & à le priver de toute sépulture. Du caractere dont il étoit, il ne se soucioit pas d'être dans les Charges, ou plûtôt il faisoit tout ce qu'il pouvoit pour n'y être pas : mais quand il étoit une fois, il vouloit que tout allât bien : le bon ordre lui tenoit à cœur, & il n'oublioit rien pour le maintenir.

On a toujours dit que l'esprit d'étude est opposé à l'esprit d'affaire: c'est la regle générale; mais les regles générales ne sont pas pour les grands hommes. Albert fit paroître son habileté dans le le gouvernement & dans le maniment des affaires, apparemment sans prendre garde aux suites fâcheuses, qu'elle devoit lui attirer. Elle lui procura bientôt des commissions également honorables & importantes. A la tenuë du Concile général de Lion, le Roi des Romains Rodolphe, crût ne pouvoir mettre ses intérêts en de meilleures mains qu'en celles d'Albert, & il ne s y trompa point. L'éloquent Religieux commença ses fonctions par un discours qu'il prononça devant les Peres du Concile assemblez, & il leur parla avec une force à laquelle il n'y eût pas moyen de résister : il fallut lui accorder tout ce qu'il demanda.

Il étoit juste que le Pape profitât aussi de l'habileté d'un si grand homme. L'Evêché de Ratisbonne, ville importante d'Allemagne, étoit également ruiné pour le spirituel & pour le temporel. Il s'agissoit d'y mettre quelqu'un, capable de le rétablir. Le Pape persuadé qu'Albert le Grand étoit tout ce qu'il falloit pour cela, jetta les yeux sur lui, dès que le Siege fut vacant. La difficulté étoit de faire accepter à l'humble Religieux une place si honorable. Humbert alors Général de l'Ordre fit tout ce qu'il pût pour engager son illustre sujet à ne pas se laisser ébranler. La lettre qu'il lui écrivit là-dessus est des plus pathétiques, & en même-tems des mieux raisonnées : mais Albert crût que dans le concours, il devoit plûtôt obéir au Pape qu'à son Général. Il accepta donc la dignité Episcopale ; mais il parût bien par toutes les circonstances, qu'il ne l'accepta que par un esprit d'obéiſſance & de zele pour le public. S'il changea d'habit, il ne changea pas de régime de vie : c'étoit toujours la même éxactitude à remplir tous les points de ſon devoir, toujours la même ſimplicité de conduite, toujours la même frugalité, la même auſterité, & ce qui eſt encore plus ſurprenant, la même application à l'étude : diſons tout, il ſauva de la Réligion tout ce qu'il en pût ſauver. Les choſes changerent bien-tôt de face ſous le gouvernement du nouveau Prélat, qui tout occupé qu'il paroiſſoit au dedans de lui-même, avoit toujours l'œil ouvert à ce qui regardoit ſon Siege. Les déſordres que ſes prédéceſſeurs trop indolens avoient laiſſé introduire, ceſſerent, & les grandes dettes qu'ils avoient contractées, furent payées dans l'eſpace

de

de trois années, ou même selon quelques-uns, dans l'espace d'une année. Mais le saint homme, bien loin de profiter des douceurs que lui offroit son Evêché parfaitement rétabli, songea à s'en démettre, dès qu'il le crût en état de se passer de ses secours. Il soupiroit après la douce solitude du Cloître, qui avoit pour lui bien plus d'attraits que les postes les plus brillans. Le Pape vaincu par ses instances réïterées, consentit enfin à la démission.

Les emplois extérieurs d'Albert le Grand, ne se sont pas bornez à ceux dont nous avons parlé jusqu'à présent. Il a été Prédicateur des Croisades, Maître du Sacré Palais, Envoyé Apostolique dans la Pologne, dont les peuples étoient alors autant ou plus barbares que les Iroquois, & les Hurons du Canada le sont aujourd'hui. Partout il a paru ce qu'il étoit, c'est-à-dire homme de grande vertu, de grand génie, de grand travail.

Le merveilleux, c'est que parmi tant d'occupations dissipantes, il ait sçû toujours conserver une union intime avec Dieu. L'Histoire nous le represente comme un homme à vision, à révélation, à miracles. Nous avons déja parlé de ses rélations immédiates avec la Ste Vierge. Ajoutons ici que ce qu'elle lui avoit annoncé sur son oubli futur des Sciences, fût vérifié par l'événement. On rapporte qu'enseignant à Cologne, il se trouva court au milieu de son explication, & qu'il ne lui resta aucune idée de ce qu'il avoit sçû. Ce changement l'avertit de sa fin prochaine, & lui fit consacrer ce qui lui restoit de vie, à se préparer à la mort.

Le don de révélation a paru en deux occasions, & les deux fois au sujet de S. Thomas qui avoit étudié sous lui. Le saint Docteur, tout occupé de la dévotion, faisoit paroître dans les commencemens, une certaine pesanteur d'esprit, qui lui attira le surnom de Bœuf. Albert le Grand dit un jour, parlant de son illustre Disciple, que c'étoit un Bœuf dont les mugissemens se feroient entendre par toute la terre. Etant à Cologne sur le point de partir pour le Concile de Lion, il s'écria tout-à-coup en présence de ses Confreres, ah ! Thomas est mort ! ce qui ne se trouva que trop vrai dans la suite.

Les miracles d'Albert le Grand, ne sont arrivez qu'après sa mort ; car probablement on ne voudra pas s'arrêter à l'idée creuse du Jésuite Théophile Raynaud, qui dit qu'Albert traitant une fois un Seigneur du premier Ordre, changea l'Hiver en Eté, pour rendre le bon traitement complet. Le Le miracle le plus sensible de tous, c'est que le corps du saint homme a été trouvé entier deux siecles après sa mort. Le Pere Raderus, Jésuite, dans les vers qu'il a faits sur ce sujet, accorde libéralement un siecle de trop à la gloire de son Héros.

Illius doctas mirentur sacula chartas,
Miror ego salvas post tria sacla manus.

La sainteté d'Albert, confirmée par des prodiges authentiques, a déterminé dans le dernier siecle le Pape Grégoire quinziéme, à le mettre au nombre des Bienheureux.

Albert le Grand étoit né à Lavingen dans la Souabe, Province d'Allemagne. Il fortoit d'une nobleſſe très-diſtinguée. Les uns placent ſa naiſſance à la fin du douziéme ſiecle, les autres au commencement du treiziéme. Il eſt mort à Cologne en 1308. Il étoit de fort petite taille, & on prétend que ſe tenant debout devant le Pape, après lui avoir baiſé les pieds, ſa Sainteté qui le croyoit encore à genoux, lui dit de ſe relever. Je ne voudrois pas garentir la vérité de ce trait hiſtorique, qu'on attribuë à tant de perſonnes.

S. THOMAS.

J'Ai à parler ici d'un grand Théologien, d'un grand Philosophe, d'un grand Saint. Ce dernier titre me décharge du soin de m'étendre sur ses bonnes qualitez morales ou ses vertus : il en donne seul plus d'idée que tout ce que j'en pourrois dire, & d'ailleurs l'Eglise a soin de les publier annuellement. Je dois donc me borner à ce qui regarde les qualitez de son esprit & de ses Ouvrages : encore me restera-t-il beaucoup de matiere, & bien plus que je n'en trouve dans ceux même que j'embrasse selon toute leur étenduë.

Le beau génie de S. Thomas

SAINT THOMAS. 175
eût de la peine à se déveloper aussi bien que celui d'Albert le Grand, mais avec cette différence essentielle, que le Maître eût besoin du secours d'enhaut, au lieu que le secours des années, joint à une continuelle application, a suffi au Disciple. Car quoique le saint Docteur ait dit en général qu'il devoit bien plus sa science à son Crucifix qu'à son étude, quoique l'Histoire nous apprenne que dans les difficultez épineuses il avoit recours à la priere, quoi qu'elle ajoûte qu'il mêloit le jeûne à la priere quand la solution tardoit à venir, il est permis de croire que son humilité vraiment profonde lui a persuadé de rapporter au Seigneur toute la gloire de ses grandes lumieres, sans s'attribuer rien à lui-même. Nous avons vû quelle idée désavantageuse avoient de saint

Thomas ses Condisciples durant ses premieres études, & ce qu'Albert le Grand annonça publiquement de son Disciple par un esprit Prophétique. La prédiction s'est accomplie dans toute sa plénitude ; toute la terre a retenti & retentit encore du nom de Thomas; ses vastes lumieres, que les commencemens ne promettoient nullement, ont changé le premier surnom de Bœuf, en celui de Docteur Angelique, de l'Aigle des Théologiens, de l'Ange de l'Ecole ; glorieux titres dont saint Thomas remplit avec honneur toute l'étendue, même au jugement des Critiques modernes, si difficiles à contenter.

Ce qu'il a écrit marque, que le bon, que l'excellent, n'est pas incompatible avec le grand nombre d'Ouvrages. Ceux du saint Docteur vont à dix-huit volumes *in-folio*, nombre prodigieux, qui approche fort de celui des Ouvrages d'Albert le Grand, quoique pourtant toujours au-dessous. Mais ce que le Maître a sur le Disciple par le nombre, le Disciple l'a bien abondamment sur le Maître par la qualité. Tous les siecles se sont accordez à publier l'excellence de la Doctrine de S. Thomas, & on sçait de quel poids est son autorité dans l'Eglise, & dans l'Ecole. Il n'est pas possible de donner ici une idée détaillée de tous les Ouvrages du S. Docteur. Ce sera bien assez de m'arrêter pour le détail, seulement à ceux qui regardent la Philosophie, & de marquer en général le caractere d'esprit qui regne dans les autres.

Les cinq premiers volumes de S. Thomas, roulent sur la Philosophie. Ce sont des Commentaires sur Aristote, mais des Commentaires si exacts, si précis, si parfaits, qu'ils ont mérité à leur Auteur le titre d'Expositeur par excellence. S. Thomas a crû devoir s'éloigner de la méthode d'Albert le Grand, qui négligeant la lettre du Texte, s'étoit contenté d'en prendre le fonds, qu'il nous a expliqué dans une Paraphrase trop vague & trop diffuse. Le Disciple y va d'une maniere plus serrée, plus méthodique, plus précise, & il est le premier des Latins, qui ayent commenté tant d'Ouvrages d'Aristote dans ce goût, incontestablement le meilleur de tous.

Le Commentateur pese toute la force des mots, avec cette rigidité scrupuleuse que demande le Dogmatique. Son but est de découvrir le sens littéral du Texte, & quand il l'a découvert, ou qu'il croit l'avoir découvert, il s'attache à l'expofer de la maniere la plus fimple, la plus nette, la plus précife, negligeant tous les ornemens de l'expreffion qui n'eft pas autrement élégante. Que ne fait-il pas pour arriver à fon but? Ariftote a beau s'enveloper dans tous les replis d'une obfcurité affectée : le Commentateur le fuit, pour ainfi dire, à la pifte, il démêle tous fes détours avec une fagacité admirable, & par fes pourfuites obftinées, il le force à fe découvrir. Les moyens qu'il emploie pour cela font pénibles, mais naturels, judicieux, fûrs, difons les néceffaires. Il cherche Ariftote dans Ariftote même, je veux dire que dans les endroits où le fens du Philofophe n'eft pas clair, S. Thomas pour le découvrir, a recours à d'autres endroits plus clairs fur le même sujet, & qu'il explique l'endroit obscur par un autre qui ne l'est point. Cette méthode demandoit que le Commentateur possedât parfaitement le Texte, qu'il eût presens à l'esprit les divers endroits qui ont rapport ensemble, que par un effort d'imagination il les envisageât tous à la fois sans les confondre, qu'il les comparât, qu'il les conciliât les uns avec les autres, qu'il déterminât les conséquences qui résultent de leur assemblage.

Le généreux Commentateur non content de faire valoir ce que le Texte a de bon, supplée à ce qui lui manque, & réforme ce qui y est défectueux. Il remplit les lacunes, qui ne laissent pas d'être fréquentes ; il met dans l'ordre légitime les endroits déplacez ; il rétablit ceux qui sont tronquez, & ce qui est heureux, il trouve dans Aristote même, de quoi réparer toutes les bréches, que la barbarie de quelques siecles a fait aux Ouvrages de ce Philosophe.

On juge bien que les sentimens d'un Philosophe Païen ne s'accordent pas toujours avec la Doctrine Chrétienne. Aristote soutenoit que le tems, le mouvement, les générations & les corruptions, les Cieux, le monde, n'ont jamais commencé, ni ne finiront jamais. Selon lui, des accidens sans sujet sont une chimere ; il n'étoit pas possible qu'il y eût un autre monde, ni que deux corps fussent à la fois en un même endroit ; il y avoit autant d'Anges que de mondes ; il nioit la résurrection des morts. Voilà en peu de mots les sentimens d'Aristote incompatibles avec notre sainte Foi. Dans ces endroits le

Commentateur redresse son Original. Il suit pied à pied les raisons apportées pour appuyer la mauvaise Doctrine ; il les réfute avec vigueur les unes après les autres ; il remonte à la source de l'erreur ; il fait voir à l'œil la fausseté de plusieurs principes employez ; celle des conséquences tirées des principes vrais en eux-mêmes ; les absurditez qui suivent du raisonnement d'Aristote; les excès affreux où il conduit.

Au reste, S. Thomas n'en use de la sorte, que quand la Doctrine d'Aristote est manifestement contraire à celle de l'Eglise. Car s'il n'y a que de l'obscurité & de l'ambiguité, il prête toujours à l'Original le sens le plus favorable, observant à la lettre cette maxime des Jurisconsultes, que dans le concours de deux sens également naturels, il faut toujours prendre celui qui est le plus avantageux à l'accusé. Il accorde autant qu'il est possible la Philosophie avec la Théologie ; il se sert de l'une pour appuyer l'autre, & quoi qu'au fonds on puisse régler les limites de l'Empire de chacune de ces deux Sciences, sans laisser rien de commun entr'elles, le saint Docteur aime néanmoins mieux suivre l'exemple des premiers Peres de l'Eglise, qui ont toujours traité avec la Philosophie dominante.

Saint Thomas ne se borne pas à réfuter Aristote dans les points où il est Hétérodoxe d'une maniere à ne laisser aucun doute : son zele s'étend aux Commentateurs qui ont donné dans des erreurs approchantes, ou dans d'autres nouvelles également pernicieuses à la Foi. Il en veut sur tout à Averroez. Avec quelle force, quelle fermeté, quel air triomphant ne le combat-il point? De la maniere dont il y va, il ne le réfute pas simplement; il l'alterre, il le confond, il l'anéantit. Les Averroïstes les plus obstinez en sont eux-mêmes surpris, ébranlez, presque convertis. Tout ce qu'ils croyent pouvoir dire de plus avantageux à leur Chef, quand S. Thomas lui est opposé, c'est que la vérité est trop envelopée dans les points de la contestation, & qu'on ne peut sçavoir lequel des deux a raison. Il semble que le saint Docteur a réuni toutes les forces de son esprit, & qu'il a eu en vûe d'en faire sentir toute l'étenduë, en les éxerçant contre le Philosophe Arabe, qui de son tems passoit pour un Oracle. La différence du mérite de deux Auteurs ne se fait jamais mieux connoître, que quand ils sont opposez l'un à l'autre

tre sur un même sujet. A comparer ensemble les raisons dont Averroez se sert pour établir une opinion erronée, & celles que S. Thomas emploïe pour la détruire, il ne paroît pas assurément que le premier ait aucun avantage sur le second, & on ne voit guéres sur quel fondement quelques Auteurs préférent le Commentateur Arabe, au Commentateur Latin. Il est fort à craindre que la prévention n'ait beaucoup de part à un tel jugement, & que la grande réputation d'Averroez transmise de siecle en siecle, & fortifiée à mesure qu'elle acqueroit le mérite des années, n'ait séduit bien des personnes. Cette réputation étoit déja établie avant le tems de saint Thomas, & on sçait qu'en matiere de réputation, quand elle est montée à un certain point tout le monde s'y laisse entraîner aveuglément comme à un torrent.

Tout est dans le Commentateur Latin d'une solidité inébranlable ; un ordre charmant répand par tout une brillante lumiere : ses preuves sont judicieusement choisies, elles sont victorieuses généralement parlant : en un mot, on trouve dans saint Thomas toutes les qualitez d'un excellent Commentateur, à la réserve de la connoissance du Grec, qu'il ignoroit selon le goût de son siecle. Delà cet air irrésolu, embarrassé, chancelant, quand il s'agit d'expliquer quelque mot Grec. Ose-t-il franchir le pas ? il tombe souvent dans le précipice, dont le danger connu causoit sa premiere timidité.

Quoique tout ce que saint Thomas a écrit sur la Philosophie, soit excellent pour son tems, circonstance qu'il ne faut jamais oublier, on distingue parmi ses Ouvrages quelques-uns où l'Auteur paroît s'être surpassé. Ce qu'il a écrit les dernieres années de sa vie est le plus estimé : tels sont les Commentaires sur les Livres : *De Interpretatione*, *De Cœlo & Mundo*. Le saint Docteur prévenu par la mort, n'a pû leur donner la derniere main. Il n'est pas étonnant qu'il ait le mieux réussi dans un tems, où il avoit tout ensemble le plus de force d'esprit, & le plus de connoissances. Mais outre ces deux avantages, tirez, l'un de la fleur de l'âge, l'autre de la multitude des connoissances acquises, il en avoit un troisiéme tiré du Grec. Quoi qu'il n'ait jamais sçû cette Langue, en ayant néanmoins compris l'importance ou même la nécessité, soit pour la

Philosophie, soit pour la Théologie, deux Sciences dont les principaux Auteurs avoient écrit en Grec, il eût la précaution les dernieres années de sa vie, de supléer au défaut de ses propres lumieres par celles qu'il empruntoit d'ailleurs. Il consultoit dans le besoin les gens qui entendoient bien le Grec, & il les faisoit aller aux sources mêmes, pour connoître le vrai sens littéral des Auteurs Originaux. Il suivit cette méthode, quand il composa les excellens Commentaires dont j'ai parlé ci-dessus, au lieu qu'en composant les autres, il ne travailla que d'après la version Arabe d'Averroez, défectueuse par tant d'endroits. Dans ces derniers Ouvrages l'Auteur donne plus de carriere à son esprit que dans les autres. Cette multitude de connoissances dont il avoit la tête remplie, le jette dans des digressions longues & fréquentes, où il répand la Science à pleines mains, toujours avec beaucoup de clarté, de noblesse, de solidité.

Il n'avoit pas encore reçû le bonnet de Docteur à Paris, quand il écrivit *De Ente*, *De Essentiâ*, *De Principiis Naturæ*; & ce sont pourtant des Ouvrages d'une grande beauté, & d'une subtilité merveilleuse. Le dernier est regardé avec raison comme la clef de la Physique Péripatéticienne.

Ses Traitez sur le Syllogisme, la Démonstration, & les Sophismes, sont la substance & le précis de tout l'Art Dialectique d'Aristote.

C'est sur tout dans cette premiere partie de la Philosophie, que saint Thomas a excellé. Il passe constamment pour un des plus grands Logiciens qui ayent jamais été : ce qu'il faut prendre dans le sens le plus rigoureux & le plus avantageux tout ensemble. On n'est pas ce qu'on entend d'ordinaire par grand Logicien, précisément pour bien posséder tout ce que les Auteurs & principalement Aristote, ont écrit sur cette Science ; quoi qu'à ne considerer saint Thomas que de ce côté-là, il mérite toujours la réputation dont il jouit. Mais il l'a cette réputation sur un fondement bien plus solide, & proprement le seul solide. Il l'a en vertu du caractere d'esprit répandu dans tous ces Ouvrages, caracteres que l'étude de la Géométrie donneroit bien plûtôt que celle de la Logique, si au lieu d'être, comme il l'est, presqu'entierement le don de la nature, il dépendoit de l'Art. Quel est-il donc ce caractere ? Je n'en sçaurois donner une idée générale plus juste, qu'en disant qu'il consiste dans un esprit Géométrique, & toutes les personnes intelligentes en conviendront, après que j'aurai un peu détaillé la méthode que S. Thomas suit constamment.

Ce qui attire d'abord l'attention du saint Docteur, c'est le choix de la matiere, & si les Auteurs contemporains avoient eû soin d'en faire autant, ils n'auroient pas introduit dans les Ecoles tant de questions frivoles, dont la solution, quand on pourroit la trouver d'une maniere à contenter tous les esprits, ne conduiroit absolument à rien. Saint Thomas ne presente au Lecteur, que des sujets dignes de son application, non seulement par leur sublimité, mais encore par leur importance, soit qu'on les regarde en eux-mêmes, soit qu'on les regarde rélativement à d'autres points essentiels, qui en doivent tirer une grande lumière.

Après avoir déterminé la matière qu'il veut traiter, il la débarrasse, & la réduit à toute la simplicité possible, la dépouillant de tout ce qui lui est étranger, afin que l'esprit en puisse concevoir une idée juste & distincte, absolument nécessaire pour faire un seul pas dans la bonne voye.

A-t-il dégagé la matiere de toutes les superfluitez ? il la divise, la subdivise, en un mot la décompose entierement, rapportant chaque partie à sa place naturelle, parce que l'esprit n'étant point partagé par la multitude d'idées que fournit un sujet compliqué, en peut mieux aprofondir chaque membre.

Il s'agit à présent de suivre pied à pied avec toute l'attention possible,

sible, successivement toutes les diverses branches du sujet dont l'analyse a été faite, & comment s'y prend saint Thomas ? Il remonte aux connoissances primitives, généralement reconnues pour vrayes parmi les Catholiques Sçavans, telles sont celles qui sont fondées sur les passages de l'Ecriture expliquez par l'Eglise, & sur le sentiment unanime des Peres, & il les établit ces connoissances, comme autant de principes inébranlables, dont il tire une foule de conséquences par un progrès de raisonnemens suivis. Mais comme l'erreur peut se glisser dans le raisonnement, si l'on ne se tient continuellement sur ses gardes, saint Thomas s'attache à ne tirer que des conclusions immédiates, qui presentent toujours à l'esprit la lumiere de l'évidence, & pour cela il éxamine à la rigueur, chaque proposition ; il raproche celles qui ont quelque raport ensemble ; il les confronte, il les compare les unes avec les autres ; il les manie dans tous les sens différens, jusqu'à ce que l'erreur, si elle est cachée, se déclare, ou que les véritez fondées sur leur assemblage, paroissent dans tout leur jour ; il rejette tout ce qui peut former quelque équivoque, ou bien il en détermine le sens, d'une maniere qui met à couvert les interêts de la vérité. C'est par tout l'éxactitude la plus scrupuleuse : on diroit que l'Auteur craint continuellement qu'une legere inattention, ou même une attention trop lâche, ne le jette dans l'erreur : il y va à pas comptez & comme bride en main, se tenant toujours en défense contre la précipitation d'esprit, source féconde d'égaremens.

Tel est en général le goût répandu dans les Ouvrages de saint Thomas, goût, qui, quoi qu'au dessous de la perfection de celui d'aujourd'hui, a toujours un degré de bonté qui surprend, quand on fait réfléxion au tems, où le saint Docteur a vêcu. Aussi voyons-nous que ses Ouvrages se soutiennent avec honneur, tandis que ceux de la plûpart des Auteurs ses Contemporains sont tombez, & nous avons tout lieu de croire, que la célébre École des Thomistes, fera toujours triompher la Doctrine de son Héros, malgré toutes les attaques des Scotistes & des Molinistes.

Ces derniers ont été ses plus redoutables adversaires sur les matieres de la Grace. Tout le monde Chrétien a retenti du bruit de la longue & vive dispute qui a regné entre les deux partis.

On sçait que les principaux Docteurs Jacobins & Jésuites ont conféré ensemble à Rome, par ordre & sous les yeux du Pape, qui avoit pris à tâche de terminer leurs différens Théologiques, que les uns & les autres ont exposé & soutenu leur Doctrine avec beaucoup de vigueur; qu'enfin après bien des disputes il a fallu se séparer, laissant les choses dans leur premier état, avec pleine liberté à chaque parti, d'enseigner sa Doctrine, mais avec défense expresse de traiter l'autre parti d'Hérétique, ou de lui donner quelqu'autre qualification injurieuse. Quoi que l'avantage ait été égal de part & d'autre, à en juger par l'issuë du combat, quelques Esprits curieux qui ont suivi de plus près que les autres, le cours des conférences tenuës entre les deux partis, nous ont néanmoins appris, que les Théologiens Jacobins, aussi chargez de santé que de Science, avoient épuisé dans la dispute quelques Théologiens Jésuites, nommément le fameux Grégoire de Valence, en qui les forces du corps ne répondoient pas à celles de l'esprit, un des meilleurs de son siecle, comme il paroît par ses excellens Ouvrages. Après que l'Ecole de saint Thomas a soutenu une si rude épreuve sans en recevoir aucune atteinte, a-t-elle rien à craindre pour l'avenir? Son état présent est florissant, & ne peut lui annoncer que des suites heureuses.

Il est bon de remarquer ici qu'il y a quatre classes de Thomistes, & il importe extrémement de ne les pas confondre, parce que les uns sont si éloignez de la Doctrine des autres, malgré le nom commun à tous, qu'ils ne font pas difficulté de la désavouer. Les vrais Thomistes sont ceux qui admettent la Prémotion Physique, comme un complément de la vertu active, par lequel elle passe de l'acte premier à l'acte second, c'est-à-dire de la puissance à l'éxécution. Ils ajoutent que cette Prémotion Physique est offerte dans la Grace suffisante ; que nous recévons tous cette Grace suffisante ; enfin que nous avons tous le pouvoir complet, dégagé, prochain, de ne pas agir, & de rejetter la Grace la plus efficace.

Je crois avoir déja suffisamment exposé pour le commun des Lecteurs, les principales choses qui regardent l'esprit, les Ouvrages, & la Doctrine de saint Thomas. Il faut voir ici ce qu'il lui en a coûté pour se rendre aussi habile qu'il s'est rendu, & après qu'on l'aura vû, on conviendra peut-être de la proposition que j'ai avancée au commencement de cet éloge, quand j'ai dit que probablement l'humilité du saint Docteur lui avoit fait croire, qu'il devoit sa Science à la priere. Du moins reconnoîtra-t-on que s'il a reçû d'enhaut des secours extraordinaires dans ses études, il y a correspondu avec une fidélité extraordinaire aussi, & qu'il n'a pas laissé tout faire au Ciel.

On aura de la peine à trouver quelque éxemple d'une application pareille à celle de S. Thomas. Je ne parle point ici du tems de ses premieres études : il falloit bien alors qu'il supléât par le travail, au peu d'ouverture de son esprit. Je parle de tout le tems qui a suivi celui où son esprit s'est dévelopé, & je dis que l'application de saint Thomas à l'étude passe toute imagination.

Ses Ouvrages marquent une lecture des Auteurs prodigieuse, & quand il n'auroit fait durant les quarante sept ou quarante huit ans qu'il a vêcu, autre chose que lire tout ce qu'il a lû, & écrire tous les volumes qu'il nous a laissez, sa vie auroit toujours été une vie très laborieuse.

Mais dans les Sciences de raisonnement, telles que sont celles qu'il a embrassées, la lecture & l'écriture sont la moindre chose : il faut méditer, & méditer beaucoup ; & c'est en quoi consistoit le grand travail de saint Thomas. Sa tête étoit toujours remplie d'idées de Science, il cherchoit continuellement à les lier & à les combiner ensemble, à en suivre jusqu'au bout le fil & le progrès, à saisir à la fois toutes celles qui appartenoient à un mê-

SAINT THOMAS. 201
me sujet, afin de découvrir les conséquences qui naissoient de leur assemblage.

On juge bien que des méditations si profondes & si suivies, sont fort pénibles, & demandent une grande contention d'esprit. Aussi saint Thomas ne sçavoit-il souvent où il en étoit. Tout absorbé dans l'étude, il ne prenoit guéres garde à rien de ce qui se passoit autour de lui. Ce qui lui arriva à la table de saint Louis, en présence de ce Roy qui l'avoit invité, marque assez la vérité de ce que je dis. Le saint Docteur bien plus occupé de pensées de Science, que du grand honneur qu'il recevoit, cherchoit en lui-même quelque raisonnement propre à combattre l'Hérésie de Manés, & en ayant trouvé un, tel qu'il pouvoit souhaiter, il s'écria, voilà qui est concluant contre l'Hérésie de Manés. Il étoit tout hors de lui-même, & pour le faire revenir à lui, il falloit que le Pere Prieur qui étoit à son côté le tirât bien fort par l'habit, & l'avertît qu'il étoit avec le Roi. Saint Louis fut édifié du peu de cas que saint Thomas paroissoit faire de la gloire mondaine, à laquelle il ne daignoit pas seulement penser, & fit apporter tout ce qu'il falloit pour écrire ce que le saint Docteur venoit de rouler dans la tête.

Cette occasion n'est pas la seule, où saint Thomas ait paru tout occupé des Sciences. Quelques-uns de ses Confreres l'ont entendu quelquefois bien avant dans la nuit, crier fort & à diverses reprises, *venez vîte, écrivez*. Ils ne sçavoient à qui, ni dequoi il parloit : ils sçavoient seulement que le saint Docteur étudioit alors selon sa coutume : car son grand attachement aux Sciences lui faisoit trouver trop court le tems du jour, & lui faisoit prendre sur le tems du sommeil, dequoi appaiser son ardeur pour l'étude.

Je dis appaiser & non pas contenter, parce que cette ardeur lui fit chercher encore d'autres moyens d'avancer dans les Sciences. Il trouvoit qu'il ne travailloit pas assez lui seul, & il conclût qu'il falloit joindre à son travail celui de plusieurs autres personnes. Il dictoit dans sa chambre à trois, & quelquefois à quatre Ecrivains à la fois sur différentes matieres, exercice violent qui demande des efforts d'imagination, dont peu de personnes sont capables. On ne comprend pas comment la santé de saint Thomas a pû tenir contre un travail si constant & si épuisant.

Mais ce n'étoit pas là ce qui inquietoit le saint Docteur. Il craignoit bien plus pour sa vertu, que pour sa santé. Son antidote contre l'étude, qui par un effet naturel & trop ordinaire, desséche l'onction de la ferveur, c'étoit la lecture fréquente des Conférences de Cassien, où il trouvoit de quoi chasser de son cœur, l'aridité que le commerce trop fréquent avec les Livres y pouvoit introduire. La précaution paroissoit nécessaire, à celui, qui par la pureté de ses intentions, rendoit son étude équivalante à une oraison continuelle.

Tout rempli de connoissances qu'étoit saint Thomas, il ne faisoit pas entrer beaucoup de science dans ses Sermons. Il a prêché à Paris durant un Carême, & ailleurs en d'autres tems; mais ç'a été partout d'une maniere fort unie & fort simple. C'est ce que les Sermons que nous avons de lui, nous marquent assez. Il est vrai que ce ne sont que des extraits, faits par les Auditeurs, comme plusieurs de ses Ouvrages ne sont aussi que des extraits, faits par les Ecoliers; tels sont ses Commentaires sur Jérémie, sur saint Matthieu, sur saint Jean, sur les Epîtres de saint Paul, si l'on excepte les Epîtres aux Romains, aux Hébreux, & la premiere aux Corinthiens.

Un Docteur si éclairé & si célébre pouvoit-il manquer d'être appellé au Concile de Lion, qui se devoit tenir de son tems? Saint Thomas qui enseignoit pour lors à Naples, partit de cette ville pour la France. Mais étant tombé malade en chemin, il se fit porter dans le Monastere de Fosse-

Neuve, de l'Ordre de Citeaux, où il mourut.

S. Thomas d'Aquin étoit né l'an 1227, d'une Noblesse très-distinguée à Aquin en Italie. Il entra dans l'Ordre de S. Dominique, n'ayant encore que dix ans. Il prit les degrez de Docteur à Paris. Il refusa l'Archevêché de Naples. Il est mort l'an 1224. Jean XXII. l'a canonisé en 1313. Saint Pie V. du nom & de l'Ordre de S. Dominique, l'a déclaré Docteur de l'Eglise en 1567. Le corps de saint Thomas fut porté à Toulouse en 1368.

SCOT.

SCOT est une des plus brillantes lumieres de l'Ordre de saint François. Trois Royaumes, l'Angleterre, l'Ecosse, l'Irlande, disputent à qui aura la gloire, d'avoir donné au monde un si grand homme, à peu près comme plusieurs villes ont autrefois disputé, à qui auroit celle de compter Homere parmi ses Citoyens. *Homerum Colophonii Civem esse dicunt suum, Chii suum vindicant, Salaminii repetunt, Smyrna verò suum esse confirmant, itaque etiam delubrum ejus in oppido dedicaverunt; multi alii præterea pugnant inter se atque contendunt.* Ainsi parle Cicéron dans son Oraison pour le Poëte Archias. Après bien des raisons apportées de part & d'autre, la chose est encore indécise, & tout ce que les trois Nations ont fait en vûë de leur propre gloire, n'a servi qu'à rehausser celle de Scot. Tout le monde sçait que ce célébre Auteur a mérité le glorieux surnom de Docteur subtil, par sa maniere déliée de raisonner. Pouvoit-il donc échaper à Cardan, dans l'énumeration que ce dernier a fait des douze Esprits les plus subtils, qui ayent jamais été. Scot tient parmi eux un rang distingué, n'ayant avant lui, qu'Archimede, Ptolomée, Aristote & Euclide: encore a-t-il concouru avec Euclide pour la quatriéme place.

Les plus grands Esprits du treiziéme siecle ont éprouvé dans leurs premieres études les plus rebutantes

rebutantes difficultez, qui ont pensé les jetter dans un entier découragement, & les retirer de tout commerce avec les Livres. Nous en avons déja vû deux éxemples illustres, dans les deux derniers Auteurs dont j'ai parlé, & en voici encore un troisiéme, qui n'est pas moins éclatant. La sainte Vierge, particulierement attentive & sensible au malheur de ce tems, voulut bien relever le cœur abbatu du jeune Scot, & jettant des yeux d'une tendre compassion sur ce pauvre Etudiant rebuté, elle fit succéder à ses premieres ténébres, ces brillantes lumieres qui ont éclairé tout le Monde Chrétien. Mais cette insigne Bienfactrice, toute magnifique qu'elle est dans ses dons, qui ne reconnoissent guéres ni bornes ni restrictions, voulut cette fois-ci composer en quelque façon avec celui qu'elle favorisoit. Elle ne promit la Science à Scot, dit l'Histoire, qu'à condition qu'il l'emploiroit à soutenir son immaculée Conception, condition que celui-ci accepta volontiers.

L'événement a fait voir que les deux Contractans, ont gardé leurs engagemens réciproques, avec une fidélité, qui seroit à souhaiter dans tous les traitez. Scot devint avec le tems un prodige & d'esprit & de science. Les Ouvrages qu'il nous a laissez en douze volumes *in-folio*, sont la preuve la plus complette de l'un & de l'autre point.

Le caractere dominant de l'Auteur, c'est cette subtilité admirable, qui l'a rendu fameux au point que tout le monde le sçait. Rien de si abstrait, à quoi elle ne s'attache : elle le fait élever à une région d'idées, qui pour être trop Métaphysiques, nous échapent, & ne nous laissent pas appercevoir tout leur prix. Qu'on ne propose rien à Scot, qui ne soit dans l'éxactitude de la plus rigide. S'il y a du paralogisme, quelque envelopé qu'il puisse être, cet Esprit perçant le découvrira à coup sûr; il pénétrera tous les nuages épais, qui le dérobent aux yeux des Sçavans ordinaires; il marquera d'une maniere précise l'endroit, où l'erreur a commencé de se glisser dans le raisonnement, & démêlera toute la suite des progrès qu'elle a faits, à mesure qu'on a avancé. On a beau vouloir le surprendre: il paroît inaccessible à la surprise; il ne passe rien qu'après l'avoir soumis à l'éxamen le plus sévére, & ce qui peut soutenir une telle épreuve, mérite furement de paſſer. L'autorité dénuée de preuves, n'eſt d'aucun poids chez lui dans les connoiſſances purement naturelles, quelque reſpectée qu'elle ait été juſqu'à ſon tems, ou qu'elle le ſoit même encore; il ne ſe rend qu'à la raiſon diſtinctement connuë; il faut prouver ce qu'on lui veut perſuader.

Ce ſont probablement ces maximes ſi rigoureuſes & ſi judicieuſes tout enſemble, qui l'ont ſouvent armé contre ſaint Thomas. Quelque haute idée qu'il eût de ce ſaint Docteur, il ne ſe croyoit pas obligé de déférer aveuglément à ſes ſentimens. Avant que de les embraſſer, il en vouloit bien connoître le fonds, perſuadé d'ailleurs que par une diſcuſſion exacte il contribuoit beaucoup non ſeulement à l'inſtruction mutuelle de deux Antagoniſtes, mais encore à celle du public, parce qu'enfin si les propositions attaquées étoient réellement bien fondées, la vérité en éclateroit davantage, & que si elles ne l'étoient pas, la dispute développeroit l'erreur cachée. Ce simple raisonnement, qui n'a pû échaper à Scot, justifie bien glorieusement son opposition continuelle à l'Ange de l'Ecole, opposition qui a paru mal-à-propos à quelques-uns trop affectée, trop vive, trop obstinée, pour n'avoir pas sa source dans une secrete jalousie. Loin d'ici de pareils soupçons. Ceux qui disent que Scot portoit envie à la gloire de saint Thomas, en portent eux-mêmes à celle de Scot. Cette passion si basse & si rempante ne trouva jamais de place dans une aussi grande ame que celle de ce Philosophe.

Livor, inerfuitium, mores non exit in altos. Ovide.

L'éclatante vertu de Scot dont je parlerai en son lieu, le met à couvert du reproche d'envie, & de quelqu'autre encore plus grief, malignement imaginé pour obscurcir la gloire solide de ce grand homme. Qu'on fasse après tout attention à une chose : les matieres contestées étoient de leur nature fort problématiques, & si fort problématiques, qu'elles partagent encore les Ecoles. Il n'y a donc que la plus grande vrai-semblance, qui ait pû déterminer à un sentiment plûtôt qu'à un autre ; vrai-semblance fort respective, & fort dépendante de la maniere dont on envisage l'objet de la dispute. Pourquoi aller fouiller dans les intentions, & en prêter de mauvaises, quand tout se peut expliquer naturellement sans intéresser la gloire de personne ? Ce qu'il y a de bien sûr, c'est que par cet esprit de dispute, Scot a répandu de l'émulation parmi les Sçavans de son siecle, auparavant si languissans & si engourdis : sa subtilité les a fait sortir des idées materielles où ils croupissoient lâchement.

Ce célébre Philosophe n'étoit pas comme le commun des Auteurs, qui coulent légérement sur ce qu'il y a de difficile, & s'attachent à expliquer fort au long ce qui de soi-même se presente assez aisément à l'esprit. Scot est dans son centre, quand il s'agit d'établir des propositions universelles, ou de déterminer l'essence intime des choses ; deux points précisément les plus épineux dans les Sciences, où ils demandent une justesse, une pénétration, une étenduë d'esprit infinies. Le pas est si glissant que les Auteurs assez courageux pour s'y engager, sont rarement assez heureux pour s'en bien tirer.

Les sujets les plus secs, & les plus stériles pour les autres, deviennent entre les mains du Docteur Subtil, des sources abondantes de raisonnemens. Rien de si maigre, & de si décharné, qui ne lui fourniffe une foule d'idées. De là cette étenduë, qui va jusqu'à l'excès dans certaines questions tout-à-fait Métaphysiques, où les autres ne trouveroient presque rien à dire : de là cette fécondité & cette variété dans ses preuves : de là enfin cette profondeur dans le raisonnement, dont il ne quitte le fil & le progrès, qu'il n'en ait vû le bout. Au reste ce caractère de subtilité, si propre à trouver cent belles choses, qui échapent aux esprits ordinaires, n'est pas attaché & borné

borné à certains points particuliers ; il se soutient, il regne dans tout le cours des Ouvrages de Scot, & ce qui doit causer le plus d'admiration dans ce Philosophe, c'est pour me servir du terme expressif d'un Auteur, la longanimité de sa subtilité.

Je ne dois pourtant pas dissimuler ici, que cette subtilité, qui a fait tant d'honneur à Scot, fournit des armes contre lui aux Critiques modernes. Ils trouvent qu'il court à la pointe de l'esprit après des êtres de raison, & qu'au lieu de s'attacher à quelque chose de solide, il se promene dans les espaces imaginaires, où les Lecteurs ne le sçauroient suivre sans se perdre avec lui.

Ce qui sembleroit autoriser en quelque façon un tel jugement, c'est qu'après toute la grande réputation de Scot, il n'est plus

T

question aujourd'hui de sa Philosophie dans les Ecoles. Elle est tombée à un point qui surprend, malgré tout le zele d'un corps nombreux de Religieux, entierement dévouez à la Doctrine de leur Confrere, & fort en état de la faire valoir par leurs profondes lumieres. Mais chaque chose a son tems. Le nouveau plaît, quand ce ne seroit que par la raison qu'il est nouveau, bien entendu qu'à son tour il éprouvera aussi ses révolutions. Peut-être que ceux que nous regardons aujourd'hui contre les Oracles de la Philosophie, cesseront d'être à la mode, sans avoir même jamais eû toute la vogue de leurs prédécesseurs.

De toute la Philosophie de Scot on ne prend guéres aujourdhui dans les Ecoles publiques, que ce qui regarde les Universaux,

& les Grades Métaphysiques ; encore faut-il restraindre la proposition aux Ecoles Péripatéticiennes, où l'ancienne Philosophie a un reste de vogue. Mais qu'est-ce maintenant que cette Doctrine des Universaux, autrefois célébre, si débattuë, si amplement traitée ? Les Philosophes modernes les plus distinguez, ne daignent pas seulement en dire un mot, tant ils la trouvent inutile, & les Péripatéticiens les plus zelez se contentent d'en faire une question assez bornée, où ils examinent si les natures universelles existent hors de la pensée de celui qui les considere. Les Thomistes & les Nominaux tiennent pour la négative : Les Scotistes & les Réalistes pour l'affirmative ; avec cette restriction néanmoins, qu'ils n'admettent l'éxistence réelle des natures universelles que formellement, où pour me conformer entierement à leur langage, de peur d'altérer leur sentiment, ils admettent *universale formale à parte rei*. La Doctrine des Scotistes sur les Universaux ne laisse pas de souffrir de grandes difficultez, & feu M. Baylé, habile connoisseur comme tout le monde le sçait, prétendoit qu'elle alloit au Spinosisme.

Voici le second point de la Philosophie de Scot, encore traité dans quelques Ecoles, & c'est proprement en quoi consiste le Scotisme. Les Disciples de ce Philosophe reconnoissent avec leur Maître dans chaque être, autant d'entitez différentes, qu'il y a de qualitez différentes distinguées de l'être & entr'elles. Il est vrai qu'ils ajoutent que ces entitez sont seulement Métaphysiques, & pour me servir du terme

François écorché de leur Latin, surajoutées à l'être. Tout ceci ne peut être entendu que des gens du métier: les autres doivent s'en consoler, bien assurez qu'ils n'y perdent pas grand-chose. Ce sont des subtilitez de Logique à pure perte de tems: tel étoit le goût du siecle de Scot, qui par malheur s'est laissé entraîner au torrent, & pour le justifier sur le choix peu judicieux des questions qu'il traite quelquefois, sur l'étenduë immense qu'il donne à celles qui sont les plus inutiles, sur la barbarie de son stile & de son expression, sur l'obscurité répanduë dans plusieurs de ses Ouvrages, nous ne pouvons que dire, que tous ces défauts lui sont communs avec les Auteurs contemporains.

La grande étenduë de ses connoissances paroît avec éclat dans ses Ouvrages. On y reconnoît non seulement le Philosophe, mais encore le Théologien, le Jurisconsulte, le Mathématicien. Ses Commentaires sur les quatre Livres du Maître des Sentences, montrent à quel point il possédoit la Théologie, & il n'y eût peut-être jamais d'Auteur qui ait sçû si bien appliquer à cette Science, celles qui ne sont que naturelles. Il trouve le secret d'expliquer plusieurs points Théologiques par des principes de Physique, & ce qui est plus merveilleux, la Géometrie même devient entre ses mains une science propre à résoudre ces sortes de difficultez. Par éxemple il emploit à expliquer des proprietez des Anges, cette belle proposition du premier Livre d'Euclide : que les Parallélogrammes, ou encore les Triangles, sont égaux en surface, quand ils ont des bases égales, & qu'ils sont compris entre deux mêmes lignes parallèles. Les Ouvrages de Scot sont parsemez de divers traits de Géométrie, qui ne nous permettent pas de douter qu'il n'entendît bien cette Science pour son tems. Je n'en dis pas assez ; je dois ajouter qu'on ne sçauroit bien comprendre ce célébre Auteur, si l'on n'est Géometre. Il s'en faut bien que les Philosophes du tems de Scot, connussent au point qu'il connoissoit, le cours des Astres, & les regles de l'Optique. Une des louanges des plus glorieuses qu'on donne à sa Philosophie, c'est qu'elle est tout-à-fait propre à combattre les Hérétiques, qui prétendent s'appuyer sur la Doctrine d'Aristote.

Avec tant de grandes qualitez, Scot pouvoit-il manquer d'être très-estimé dans la République des Lettres ? Plusieurs des plus célébres Universitez de l'Europe, ont des Chaires de Professeur, uniquement fondées pour enseigner sa Doctrine. L'Espagne semble l'emporter sur tous les autres Etats en estime & vénération pour ce grand Docteur. Il y est plus suivi, que nulle part ailleurs, & le dernier Concile de ce Royaume n'a jamais voulu souscrire à un réglement des Docteurs de Salamanque, suivant lequel ils devoient s'engager à n'enseigner jamais que la Doctrine de saint Augustin & de saint Thomas. L'exclusion de tous les autres, & nommément celle de Scot paroissoit injuste. Dans l'Université d'Alcala de Henarez, la plus célébre d'Espagne après celle de Salamanque, la premiere Chaire est affectée à un Professeur Scotiste.

Il étoit bien juste, qu'après que la sainte Vierge avoit rempli de son côté avec tant de magnificence, ses engagemens à l'égard de Scot, celui-ci remplit du moins avec toute la fidélité possible, les siens à l'égard de son insigne Bienfactrice. Tout le monde sçait avec quel zele Scot soutint de son tems l'Immaculée Conception. La Tradition porte qu'avant que d'entrer dans l'assemblée où il devoit disputer sur cette matiere, il se mit à genoux devant une statuë de la sainte Vierge, qu'il lui adressa cette priere, *Dignare me laudare te, Virgo sacrata. Da mihi virtutem contrà hostes tuos*, qu'en signe d'approbation & de protection la statuë baissa la tête, enfin qu'elle demeura depuis dans cet état d'inclination. Sans éxaminer si tout cela est vrai, je m'attacherai seulement à ce qu'il y a de constant. Il est certain que Scot a été un illustre, & selon l'opinion commune, le premier défenseur de l'Immaculée Conception ; qu'il a transmis son zele pour l'honneur de Marie au célébre Corps de ses Confreres, qui se montrent de dignes Disciples d'un tel Maître; que l'Eglise établissant la fête de l'Immaculée Conception, quoique sans rien prononcer définitivement sur le fonds de la question, a suffisamment marqué de quel côté elle penche, & de quel côté elle voudroit que les Fidelles penchassent aussi. Cependant, quand on éxamine de quelle maniere Scot exprime son sentiment sur ce point, on trouve qu'il y va avec toutes les réserves du Pyrrhonisme le plus timide. Voici en substance comment il en parle en un endroit de ses Ouvrages, rapporté tout au long dans l'Histoire Ecclésiastique de

M. l'Abbé Fleuri. La sainte Vierge peut avoir été conçue sans péché originel ; elle peut aussi avoir été conçue en péché originel : lequel des deux est-il arrivé ? Dieu le sçait. N'oublions point ici de dire, que la subtilité que Scot fit paroître en cette occasion, lui mérita, selon quelques-uns, le glorieux surnom de Docteur subtil.

Nous trouverons dans le cœur de Scot une matiere d'éloge aussi abondante & plus glorieuse, que dans son esprit & ses Ouvrages. De toutes les bonnes qualitez de son cœur, celle qui se presente la premiere, est son grand zele pour la vérité. Il fouloit aux pieds tout respect humain, quand il s'agissoit des interêts de cette chere vérité. Nous avons déja vû avec quelle rigueur il éxaminoit les sentimens de saint Thomas, & avec quelle force il les combattoit, s'il ne les croyoit pas bien fondez. Ajoutons ici que sa rigueur n'a pas épargné les Papes mêmes. Jean XXII. soutenoit que la béatitude des ames justes, étoit differée jusqu'au jour du Jugement. Scot révolté par la nouvelle Doctrine, qui se répandoit, prit les armes pour l'étouffer dans sa naissance, sans respecter la source auguste d'où elle couloit.

Cette vérité qui lui tenoit si fort au cœur, pouvoit-elle recevoir aucune atteinte entre ses mains? Il est bien glorieux pour lui, qu'après avoir manié tant de matieres délicates, il n'ait donné aucune prise à la censure Ecclésiastique, malgré la multitude des ennemis de sa gloire. Quelques-uns ont crû, qu'il avoit souscrit à la Doctrine de Raimond Lulle, remplie d'erreurs depuis condamnées par Grégoire XI.

Mais le Pere Vadinge a réfuté solidement ce sentiment si desavantageux à son illustre Confrere, & la réfutation paroît au commencement du premier tome de Scot.

Ce célébre Philosophe a trouvé le rare secret de joindre à l'esprit de dispute une grande modestie. Il ne propose ses sentimens qu'avec cet air de réserve & de timidité, qui marque combien l'Auteur se défioit de ses propres lumieres, tout éclairé qu'il étoit ; & quand il combat ceux des autres, il a d'ordinaire & presque toujours la précaution de ne point nommer ceux qu'il réfute. C'est qu'il prétendoit tout ensemble sauver la vérité, & ménager ceux qui la blessoient : il en vouloit à l'erreur, & nullement à la personne d'où elle partoit.

Son obéïssance fut mise à une épreuve, qui revêtue de toutes ses circonstances, eût paru très-rude à tout autre qu'à un parfait Religieux. Il avoit reçu à Paris le bonnet de Docteur, & il y enseignoit avec un éclat extraordinaire, quand il reçut ordre de ses Supérieurs de s'en aller à Cologne. Il n'eût rien de plus pressé que de se rendre où l'obéïssance l'appelloit: il y vola, sans dire adieu à personne. Les gens qui se piquoient de percer bien avant dans la Politique, raisonnerent fort sur les motifs qui avoient déterminé les Supérieurs à retirer Scot, d'une ville telle que Paris, où il faisoit tant d'honneur à l'Ordre. Il y eût là-dessus diverses conjectures; mais ce n'étoient que des conjectures. Le réel & l'incontestable, c'est que l'obéïssance de Scot parût avec éclat dans cette occasion critique.

Une vertu ne marche jamais

seule ; il faut nécessairement qu'elle en ait d'autres à sa suite, par la raison qu'elles tiennent toutes les unes aux autres, & qu'elles se donnent, pour ainsi dire, mutuellement la main. L'esprit de pauvreté n'éclata pas moins dans Scot, que celui d'obéïssance. Il n'y avoit rien de plus édifiant, que de voir ce grand homme aller par les rues, pieds nus, couvert d'un méchant haillon, mendiant de porte en porte avec une simplicité, qui attendrissoit les gens du monde, instruits de son mérite extraordinaire. C'étoit un enfant des plus légitimes de l'Ordre dans le stile de saint François, qui appelloit bâtards de l'Ordre, les Religieux peu affectionnez à la pauvreté rigoureuse de cet Etat.

A quelle mort pouvoit conduire une vie passée dans la pratique de toutes les vertus ? La sainteté de Scot, connuë par les marques les moins équivoques, nous permet-elle de balancer entre les deux sentimens qui partagent les Auteurs sur ce point ? Les uns prétendent qu'il est mort dans une extase : les autres veulent que ce soit d'apopléxie ; mais par une malignité détestable, dont les marques trop sensibles, leur ont fait perdre toute créance parmi les honnêtes gens, ils ajoutent qu'on le crut mort, quoi qu'il ne le fût pas véritablement, & qu'on l'enterra vivant; que Scot revenu à lui dans le tombeau, s'abandonna au désespoir, & se tua violemment ; que des gens qui le sçavoient sujet à ce mal, d'une maniere à ne donner aucune marque de vie durant fort long-tems, instruits de tout ce qui s'étoit passé, firent déterrer le prétendu mort,

mort, & qu'ils lui trouverent la tête toute meurtrie, & les mains toutes rongées. Celui qui a le plus contribué à répandre cette calomnie dans le monde, c'est Paul Jove, cet Auteur vendu à l'interêt & à la passion. Ne sçait-on pas qu'il se vantoit lui-même d'avoir une plume d'or pour ceux qui lui faisoient du bien, & une de fer pour les autres? Il paroît bien par ses Ouvrages qu'il n'a dit que trop vrai, & son autorité passe parmi les Sçavans pour une autorité fort suspecte. Je ne m'arrêterai point ici à réfuter d'une maniere détaillée cet Auteur, ni ceux qui l'ont suivi dans ce qu'il a écrit contre Scot : ce seroit à pure perte de tems, parce que toutes ses imaginations dictées par la passion, sont aujourd'hui entierement tombées dans le monde, après y avoir fait quelque bruit pendant un certain nombre d'années. Je me contenterai de remarquer qu'il n'a pour appuyer son sentiment, l'autorité d'aucun Auteur ancien qui ait vécu dans le siecle de Scot, ou dans ceux qui en sont le moins éloignez : ce qui paroît bien concluant contre lui.

Jean Duns surnommé Scot, nâquit aux Isles Britanniques, en 1266 selon quelques-uns, & en 1274 selon d'autres. Il étoit d'une naissance assez obscure. Il est mort à Cologne l'an 1308.

CARDAN.

VOICI un homme tout extraordinaire, à le prendre depuis sa naissance inclusivement, jusqu'à sa mort inclusivement aussi. Sa mere fit tout ce qu'elle pût pour faire périr son fruit. L'enfant éluda heureusement l'effet de tous les moyens horribles employez contre lui, & porta en venant au monde, quelques marques du personnage qu'il y devoit jouer. Sa tête où devoient rouler tant d'idées originales en tout sens, avoit un dehors tout irrégulier, qui en indiquoit, ce semble, la trempe intérieure La méchanique de son corps péchoit

V ij

encore contre les régles ordinaires, & ne lui permit pas de se marier, aussi-tôt qu'il l'auroit souhaité. C'est ce qu'il nous apprend lui-même, ajoutant qu'une des plus grandes mortifications de sa vie, a été de n'avoir pû avoir plûtôt commerce avec les femmes. Voilà ce qu'il y avoit de particulier dans son corps ; l'esprit & le cœur nous fourniront des traits d'irrégularité encore plus marquez.

Les Ouvrages que nous avons de Cardan sont très-dignes, & de la profonde admiration qu'ils ont excitée parmi les Sçavans, & de la forte critique qu'ils ont essuyée. On ne peut refuser à l'Auteur la gloire d'être un génie du premier ordre : mais il faut qu'il entre toujours quelque chose de bizarre dans ce qu'il fait. Ses Ouvrages contiennent quelques morceaux inestimables, & ils en contiennent qui font pitié. Ce n'est pas un même Auteur qui nous les a donnez; c'en sont deux tout-à-fait différens, dont l'un est au-dessus de l'homme, & l'autre au-dessous de l'enfant. Tel étoit le jugement qu'avoit porté Scaliger. On l'avoit crû dicté par la passion : les Sçavans se sont ravisez depuis, & y ont souscrit. On a de la peine à comprendre comment certaines choses si admirables, & certaines autres si pitoyables, ont pû sortir d'une même source. Cependant c'est un fait qui ne souffre aucun doute. Car la distinction d'Ouvrages véritables, & d'Ouvrages supposez n'a pas ici lieu. C'est dans un même Traité qu'on trouve des endroits si prodigieusement différens à l'égard du caractere de l'Auteur.

On est surpris de voir qu'un aussi

grand Esprit que Cardan n'ait bien souvent aucun discernement dans le choix des matieres. Il ne fait pas difficulté d'introduire dans ses Ouvrages, celles qui sont les plus étrangeres au sujet qu'il doit traiter, & le Lecteur trop crédule, s'abandonnant à la bonne foi de l'Auteur sur le titre du Livre, se trouve conduit où il ne vouloit point aller. Cependant engagé quelques fois trop avant, il doit nécessairement se résoudre, ou à apprendre plus qu'il ne voudroit, ou à ne pas même apprendre ce qu'il voudroit ; parce que l'un est mêlé & confondu avec l'autre. Sans nous arrêter plus long-tems à une critique vague, venons à des faits particuliers.

Veux-je apprendre la Science des Nombres ? Quand je la cherche dans l'Arithmétique de Cardan, me voilà bien-tôt transporté hors de mon deffein. Au lieu de m'expliquer les proprietez des Nombres, & les Regles pratiques que je veux sçavoir, l'Auteur m'explique le mouvement des Planettes, connoiffance dont je n'ai que faire, au moins pour le préfent. Si après m'avoir une fois dérouté, il me remettoit dans la bonne voye fans m'en faire plus fortir, pour me promener dans des païs que je ne fuis pas curieux de voir; je lui pafferois le premier égarement à la faveur du refte où je trouve affez bien mon compte. Mais à la premiere digreffion du mouvement des Planetes, en fuccédent d'autres également éloignées du fujet dont je veux m'inftruire. Les Nombres ne tardent guéres à difparoître encore, & à leur place ce font de grands difcours, qui roulent tantôt fur la création du monde, tantôt sur la Tour de Babel. Quels égaremens affreux!

Ai-je du goût pour la Dialectique, & veux-je m'en instruire dans Cardan ? Je trouve dans sa Dialectique, ce que je n'avois garde d'y chercher. J'y apprens ce que je dois penser des Historiens : de ceux-ci mon guide infidele me fait passer aux Auteurs qui ont écrit des Lettres, & il m'en fait connoître le fort & le foible. Devois-je m'attendre à trouver sur mon chemin ni les uns, ni les autres ? Tout cela est bon, sans doute : mais je demande s'il est placé où il faut ? Comment justifier Cardan là-dessus ? Dire qu'il a voulu plaire par la varieté, délasser le Lecteur du travail passé, l'encourager à une nouvelle attention ; c'est louer l'intention du Philosophe, & voi-

à

là tout : car malheureusement la bonne intention a échouée. Ce n'est pas-là encore tout ce que je blâme dans Cardan.

Son obscurité me rebute, & quand j'entreprens de percer les nuages épais qui me cachent souvent le sens de ce qu'il veut dire, si je réüssis, il s'en faut bien, que je me trouve dédommagé de toutes mes peines. Elles n'aboutissent quelquefois qu'à me découvrir des contradictions, dont je ne pouvois au commencement me persuader la réalité dans un Auteur d'un si grand nom, & plus j'y fais réfléxion, plus les contradictions me paroissent réelles. Je trouve que bien des endroits de ses Ouvrages, ne sont qu'un tissu de piéces rapportées, prises çà & là dans divers Auteurs. J'avouë qu'il y a une maniere légitime de profiter des lumieres des autres ; & où

X

en serions-nous, s'il nous falloit tout tirer de notre fond ? Mais il faut que ce qui est pris d'ailleurs devienne en quelque sorte le nôtre, ou par un nouveau jour que nous y donnons, ou par une heureuse application dont on ne s'étoit pas encore avisé, ou par quelque perfection que nous y ajoutons. Cardan ne s'embarasse de rien de tout cela. Tout est de bonne prise pour lui, & il le laisse tel qu'il l'a trouvé. Les citations des sources où il a eu recours, le blanchiroient de toute accusation de larcin : L'expédient seroit naturel, facile, juste, disons-le, nécessaire ; mais Cardan ne sçauroit s'en accommoder. S'il l'employoit, il réduiroit à peu de chose, quelques-uns de ses Ouvrages ; il a assez de réputation dans le monde, pour persuader que tout ce qui paroît sous son nom, lui appartient entièrement, & il est intéressé à entretenir les esprits dans cette créance. Voici le dénoûment de tout. Cardan travailloit à prix fait avec le Libraire, selon le nombre des feuilles qu'il lui fourniroit ; & comme il étoit pressé assez souvent par la nécessité, le desir d'y subvenir promptement, lui faisoit trouver tout bon, pourvû qu'il servît à remplir la page.

Ce principe fondamental une fois établi, va répandre un grand jour sur tout ce qui paroîtroit autrement inexplicable dans les Ouvrages de cet Auteur. Nous n'avons plus de peine à comprendre comment son Arithmétique le conduit à l'explication du mouvement des Planetes, & à des instructions sur la création du monde, & sur la Tour de Babel. Nous voyons à présent que la Dialectique, & le jugement sur les Historiens, & sur ceux qui ont écrit des Lettres, ont assez de rapport ensemble, pour entrer dans un même Ouvrage, sous le titre commun de Dialectique. Nous trouvons, que ce qui nous paroissoit des contradictions manifestes, se rapporte fort bien à une même fin, & qu'il a son prix, comme le reste, dans la place qu'il occupe. Cette obscurité qui nous rendoit l'Auteur impénétrable en bien des endroits, se change en une clarté charmante. Nous voyons les choses telles qu'elles sont, & il ne tient plus qu'à nous de les prendre pour ce qu'elles valent. Nous reconnoissons que Cardan a raison d'aller puiser secretement dans les sources d'autrui. C'est ainsi qu'une seule vérité connue, fournit l'explication de plusieurs difficultez.

A travers les grands défauts répandus dans les Ouvrages de cet Auteur, on reconnoît toûjours l'homme éclairé, l'homme pénétrant, l'homme profond. Il paroît d'une maniere à ne laisser aucun doute, que ce Philosophe avoit embrassé tout ce qui est du ressort du génie, & qu'il le possédoit dans un degré éminent. Son siecle assurément fécond en grands hommes, n'en produisit aucun qui eut une telle étendue de connoissances naturelles. Son Livre intitulé *De Subtilitate*, parce qu'il y explique ce qu'il a de plus délié dans la Physique & dans la Métaphysique, marque qu'il avoit soigneusement étudié la nature, & qu'il en avoit pénétré bien des secrets inconnus, soit à ses Prédécesseurs, soit à ses Contemporains. Scaliger a eu beau le réfuter, poussé apparemment, à son ordinaire, par le désir de se faire un grand nom, en mesurant ses armes avec celles de tout ce qu'il y avoit de plus distingué dans la République des Lettres. Les Sçavans, spectateurs du combat, ont prononcé en faveur de Cardan pour la profondeur des connoissances naturelles, laissant à Scaliger la gloire d'entendre mieux que lui, ce qui regarde les belles Lettres.

Le Mathématicien ne cédoit point au Physicien dans Cardan. Ses Ouvrages font voir qu'il entendoit fort bien la Géométrie, les Mécaniques, l'Astronomie, & même l'Algébre, encore plus ignorée dans son siécle que dans le nôtre. A l'égard de cette derniere Science, les Algébristes attribuent communément à Cardan, la découverte de ce qu'ils appellent formule de résolution pour les Equations du troisiéme degré, où le second terme est évanoui. C'étoit beaucoup pour ce tems-là, que d'être allé jusqu'au troisiéme degré, & il a fallu attendre Descartes pour passer au quatriéme, où l'on en est encore aujourd'hui. Que n'a-t-on pas dû attendre de Cardan, s'il avoit donné à ses Ecrits le tems nécessaire ? Les connoissances ne lui manquoient pas, non plus que le génie : il ne s'agissoit que de les bien digérer, pour les mettre dans l'ordre, & le jour où nous les souhaiterions.

Ce Philosophe donnoit trop à ses lumieres naturelles, quelquefois au préjudice de la Foi, à laquelle elles devoient être subordonnées. Il soutenoit comme Averroez, que l'entendement est absolument le même dans tous les individus ; mais il restraignoit la proposition aux Individus sublunaires, au lieu qu'Averroez la faisoit générale. Il fait entrer les bêtes en communauté d'entendement avec les hommes; honneur qu'on ne s'étoit pas encore avisé de leur accorder, & dont elles sont bien déchûes depuis l'éclatante révolution arrivée en Philosophie, vers le milieu du dernier siecle. Il faut pourtant tout dire. Quoique l'entendement que Cardan donne aux bêtes, soit le même que celui qu'il donne aux hommes, il met cette différence essentielle : c'est que l'entendement entrant dans l'homme, par la disposition qu'il trouve dans la matiere à le recevoir, nous éclaire en dedans, au lieu que ne pouvant entrer dans les bêtes, parce que la disposition contraire de la matiere s'oppose à son entrée ; il ne fait que raisonner autour d'elles, & les éclairer par dehors.

Ses sentimens sur la nature de l'ame, sont si équivoques & si variables, qu'on ne sçauroit décider, s'il la tient mortelle ou immortelle. Il peut fournir des armes, à ceux qui voudront l'attaquer ou le défendre de ce côté-là. C'est toûjours un fâcheux préjugé contre lui, que son obscurité sur un point essentiel, dont il a traité assez amplement.

Il n'y eut peut être jamais d'esprit plus superstitieux que celui-ci. Il donna tête baissée dans l'Astrologie Judiciaire, & l'Histoire nous apprend qu'il fit les usages les plus bizarres de cette Science chimérique. Il l'a appliquée à tirer l'horoscope de Jesus-Christ; & quoi qu'on sçache qu'il n'est pas le premier Auteur de cette idée également impie & extravagante;

il vouloit qu'on lui en attribuât l'invention, tant il la trouvoit belle. Dans une maladie dangereuse qu'eut l'Archevêque de S. André, Primat du Royaume d'Ecosse, il songea à Cardan, qui passoit pour un des plus habiles Médecins de son siecle; & malgré la distance étonnante des lieux, il se détermina à le faire venir. Cardan après avoir reçû de l'Archevêque, l'abondante récompense que méritoit la longueur du voyage, & le grand succès de ses soins, déclara en partant, qu'il étoit très-fâché de ne pouvoir lui dissimuler une chose bien triste, mais absolument inévitable, parce qu'elle étoit écrite dans les Cieux en caracteres ineffaçables : c'est que lui Archevêque, seroit un jour pendu. Le Prélat d'abord surpris d'un tel adieu, se tranquilisa, voyant bien que son Médecin, tout éclairé qu'il étoit, avoit la tête un peu en desordre: mais le malheur annoncé lui arriva néanmoins dans la suite.

Ce succès éclatant encouragea l'Astrologue, qui avoit été tant de fois la dupe de son Art superstitieux, & il voulut appliquer à ce qui le regardoit lui-même, les lumieres extraordinaires qu'il avoit de l'avenir. Après avoir consulté les Astres, avec ce soin qu'on apporte quand on travaille pour soi-même, il crut avoir découvert l'année qu'il devoit mourir. Toutes les régles de son Art concouroit à établir la réalité de sa découverte, & ce n'étoit rien hazarder, que de l'annoncer au public. Cardan déclara donc qu'il mourroit infailliblement telle année. Le tems marqué étoit sur le point de finir, &

néanmoins l'Astrologue se portoit toujours parfaitement bien. Une erreur de calcul placée dans de telles circonstances, auroit décrédité le métier. L'Astrologue zélé en sentit toutes les fâcheuses conséquences, & les sentit si bien, que pour sauver la gloire de son Art, il se détermina à se laisser mourir de faim, plûtôt que de le laisser tomber dans le décri, disent plusieurs Historiens. Voilà assurément une mort bien singulière. Scaliger, toujours avide de gloire, a prétendu que la critique qu'il fit du Livre *De Subtilitate*, avoit tiré de ce monde son pauvre Auteur, qui désolé de se voir ainsi combattu, ne pût survivre à sa défaite. La Chronologie ne favorise pas autrement la prétention de Scaliger.

L'Astrologie Judiciaire n'est qu'un genre de superstition, &

Cardan étoit superstitieux de plus d'une maniere. J'admire comment quelques-uns ont avancé qu'il n'avoit pas de Religion, que c'étoit un impie déclaré, qu'il ne croyoit ni Dieu, ni démon. Il a précisément donné dans l'extrêmité opposée, & c'est par un excès de Religion qu'il a péché ; car sa superstition vient de là. S'il cherche la solitude, il nous apprend qu'il la cherche pour avoir seulement le plaisir d'être avec Dieu & son Ange-Gardien. Voilà qui va bien jusques-là ; mais voici bien-tôt la superstition. Cet Ange-Gardien est un Esprit familier, qui lui a été accordé par une faveur extraordinaire : cet Esprit familier lui découvre tout dans les Sciences, & quand il le vient trouver, c'est un anthousiasme, un transport divin, une espece d'état convulsif, pendant lequel il est comme hors de lui-même, sans aucun usage des sens, environné d'une lumiere qui lui découvre les choses les plus cachées. Au reste il varie si fort au sujet de son Esprit familier, qu'on ne sçauroit assurer, s'il étoit effectivement persuadé qu'il en avoit un. Dans quelques endroits de ses Ouvrages, il tient pour l'affirmative : dans d'autres pour la négative ; il ne sçait à quoi s'en tenir, ni nous non plus : le malheur n'est pas bien grand. Ce que nous pouvons au moins conjecturer avec beaucoup de vrai-semblance, c'est qu'en se donnant ce prétendu Esprit familier, il fit naître à Scaliger l'envie de s'en donner un aussi de son côté, pour ne céder en rien à son Antagoniste. Cardan prie la Sainte Vierge ; on ne peut que l'en louer. Mais il la prie sur-tout le premier jour d'Avril, à huit heures du matin, & il est persuadé que ces prieres sont bien plus efficaces, que les prieres faites en tout autre tems. Son pere en faisoit autant, nous dit-il, & il ajoute qu'ils s'en sont toujours bien trouvez tous les deux. Polybe avoit nié l'apparition des Esprits : Cardan est allarmé de cette proposition : il releve cet Auteur, mais en Fanatique : il se met en colere contre lui, & lui fait sentir tout le poids de son zele pour la Religion attaquée. Il faut certainement convenir après tout ce que je viens de dire, que Cardan avoit de la Religion ; mais une Réligion outrée, qui a dégénéré en superstition.

J'ajoute ici une chose, c'est qu'il avoit beaucoup d'attachement pour la Religion Catholique, & qu'il lui a sacrifié les offres les plus séduisantes pour un homme, dont le revenu ne consistoit gueres que dans son industrie. Le Roi de Danemarc, touché de la profonde érudition de Cardan, voulut l'attirer dans ses Etats, dont il vouloit faire un des principaux ornemens; & pour y réüssir, il lui fit offrir un emploi fort considérable, qui, avec la faveur du Prince, n'eut été qu'un acheminement à d'autres encore plus importans. La fortune de Cardan étoit faite, s'il l'eut voulu. Il s'obstina à rejetter toutes les propositions avantageuses qu'on lui faisoit, & la raison du refus, c'est que les Danois n'étant pas Catholiques, il lui eut fallu embrasser leur Religion, pour être avec agrément parmi eux.

Il n'est donné qu'à Cardan, d'allier, comme il a fait dans s[es] Ouvrages, le génie sublime av[ec] l'imbécili[té] l'imbécilité, & dans sa conduite, les traits de la plus haute sagesse, avec l'extravagance la plus marquée, telle que nous l'allons voir.

Ne cherchons guéres rien de sensé dans la vie de ce Philosophe : elle est pleine de bizarreries, dont on n'avoit pas encore vû d'éxemples. Nous aurions de la peine à les croire, s'il ne nous en assuroit lui-même : car il a eu soin de transmettre à la postérité l'Histoire de ses folies ; & cela seul, bien mieux que la Préface la plus éloquente, nous dispose à croire tout ce qu'il dit de lui-même, quelque incroyable qu'il paroisse d'ailleurs. Commençons par son inconstance.

Jamais il ne sçût se fixer nulle part, quoi qu'il eût femme & enfans, & qu'il ait eû les occasions les plus favorables pour s'établir avantageusement. Il se fit aggréger au corps des Médecins dans plusieurs villes d'Italie, & il couroit continuellement de l'une à l'autre, selon que son caprice lui en disoit. Car nous aurions beau chercher des raisons plausibles de la plûpart de ses voyages : il alloit où sa fantaisie l'appelloit, abandonnant même les affaires les plus importantes, qui le demandoient quelquefois en certains endroits. Partout il a paru ce qu'il étoit, c'est-à-dire l'homme peut-être le plus extraordinaire qui ait jamais été dans ses manieres.

Un extérieur tout-à-fait ridicule, le faisoit montrer au doigt. Ses habits étoient le plus souvent tout déchirez, & presque toujours autrement faits que les habits ordinaires. M. de Thou marque qu'il le vit à Rome, bien bizarrement équipé. Il ajoute qu'il n'eût jamais crû que ce fut là cet Auteur si célébre parmi les Sçavans, & que la peinture que Scaliger en avoit faite, n'étoit que trop véritable.

Tout étoit irrégulier dans Cardan. Tantôt il couroit, comme si on l'eût poursuivi l'épée aux reins : tantôt il alloit à pas comptez avec une gravité, qui attiroit les yeux de tout le monde par sa singularité : tantôt il avoit plusieurs de ses gens à sa suite : tantôt il n'étoit accompagné de personne : tantôt ses discours rouloient sur les sujets les plus relevez, tantôt il ne parloit que de minuties : c'étoit précisément ce Tigellius, qu'Horace nous dépeint dans ces Vers.

Nil æquale homini fuit illi :
sæpe velut qui
Currebat fugiens hostem :
persæpe velut qui

Junonis sacra ferret. Habebat sæpe ducentos,
Sæpe decem servos : modò Reges atque Tetrarchas,
Omnia magna loquens : modò fit mihi tripes,
Et Concha salis puri, & toga quæ deffendere frigus,
Quàmvis crassa queat. . . . .

Le merveilleux, c'est que Cardan s'appliquoit lui-même cet endroit du Poëte Latin. Il ne se flattoit nullement, il se connoissoit tel qu'il étoit, & il vouloit que les autres le connussent aussi, ne fut-ce que par son propre canal ; il ne manquoit que ce dernier trait à son caractere original.

Tout ceci n'est encore qu'un prélude, qui nous doit conduire à des choses bien plus singulieres. La tête de Cardan étoit une source féconde d'imaginations, les unes plus extravagantes que les autres. Son plaisir étoit de se produire en public dans des carosses qui eussent plus ou moins de rouës que les carosses ordinaires, & en nombre impair. Sçavoit-il qu'il y eût quelque part des gens assemblez ? il alloit se mettre de la partie, & tout ce qu'il croyoit le plus propre à les chagriner, il le leur disoit en face, pour avoir la satisfaction de les voir en colere. On peut juger quels traitemens ignominieux il avoit souvent à essuyer. Mais la longue habitude l'y avoit rendu insensible : il alloit toujours son train, quelque chose qu'on pût lui faire.

Le tems du jour n'étoit pas assez long pour les folies de Cardan. Il passoit souvent les nuits à courir par les rues, & je laisse à penser quel désordre il causoit partout où il se trouvoit.

Il faut voir comment alloit son domestique. Il jouoit tout ce qu'il n'avoit pas, jusqu'aux bijoux de sa femme, encore heureuse, quand ses habits n'y étoient pas intéressez. Il perdit une fois à Venise tout son argent, chez un homme qui avoit usé de supercherie. Cardan ayant reconnu qu'il en avoit été la dupe, transporté de fureur, blessa dangereusement celui qui l'avoit trompé, & non content de reprendre l'argent perdu, il y joignit encore celui du blessé, qui absolument hors d'état d'agir, laissa faire à Cardan tout ce que celui-ci voulut. Cardan touché néanmoins de quelque remords de conscience, ou de quelque sentiment de compassion, jetta le surplus du butin, auprès de celui à qui il appartenoit, & puis se sauva de la maison. C'étoient continuellement de nouveaux désordres, de nouvelles scenes, qui divertissoient le Public à ses dépens : tout retentissoit de Cardan dans les endroits où il se trouvoit.

Si nous jettons les yeux sur sa personne même, il n'y a pas de grimaces, & de contorsion, qu'il ne fit. On le voyoit se mordre les lévres, se tirailler les doigts avec une violence qui lui arrachoit souvent les larmes. L'extravagant alloit quelquefois jusqu'à vouloir se tuer. C'est surtout, quand il avoit des peines d'esprit, qu'il se portoit à de pareils excès. Il nous apprend lui-même, que son remede dans ces sortes d'occasions, étoit de se bien fouëtter les cuisses avec une verge, de se mordre fortement le bras gauche, enfin de jeûner. Les larmes le soulageoient beaucoup, quand il en pouvoit répandre : mais le plus souvent il n'en pouvoit venir à bout. Ecoutons-le lui-même, voici ses propres paroles : *In maximis animi doloribus, crura verberabam virgâ, sinistrum brachium mordebam acriter, jejunabam : levabar fletu multùm, ubi contigisset flere, sed persæpe non poteram.*

Rien ne montre mieux combien sa tête étoit détraquée, que certaines idées qu'il avoit de lui-même ; idées qui toutes chimeriques qu'elles étoient, lui paroissoient autant de réalitez évidentes. Son imagination échauffée lui faisoit croire, qu'il voyoit en songe tout ce qui lui devoit arriver, & il vouloit que les autres le crussent aussi ; du moins le donnoit-il à entendre par son affectation à parler continuellement du prétendu don qu'il avoit de percer dans l'avenir. Il avoit plus
d'une

d'une méthode pour arriver à la même fin. Sa seconde maniere de connoître l'avenir, étoit fondée sur certaines marques qui se font aux ongles. Il prétendoit qu'il tomboit en extase, quand il vouloit, & qu'il voyoit tout ce qu'il vouloit. Je ne mets ici que les principales folies & reveries de Cardan. Ceux qui en voudront sçavoir davantage, peuvent avoir recours à sa vie écrite par lui-même. Bien des gens trouveront peut-être que j'en ai même trop dit, & que j'aurois mieux fait de supprimer entierement tant de choses pitoyables ausquelles je me suis arrêté.

Mais le détail où je suis entré, peut avoir son utilité, quelque déplacé qu'il puisse paroître à quelques-uns. La vûë d'un homme, qui a un génie le plus sublime, & aux lumieres les plus profondes a joint les foibles les plus humilians, est une source féconde de réfléxions solides, capables de nous rappeller à nous-mêmes, & de confondre notre orgueil.

Jerôme Cardan nâquit l'an 1051 à Pavie, ville d'Italie. Il étoit fils d'un Avocat. Il est mort à Rome l'an 1576, après avoir écrit quantité d'Ouvrages qui font dix volumes *in-folio*..

GASSENDI.

Ous avons eû peu de Sçavans, qui ayent fait plus d'honneur à la Nation que Gassendi. Les sentimens ne sont point partagez sur son merite : tous conviennent qu'il en avoit infiniment, soit du côté de l'esprit, soit du côté du cœur. Ce concours de suffrages est aussi rare que glorieux.

Gassendi né de parens pauvres, trouva dans les avantages de l'esprit, dequoi suppléer à ceux de la fortune : ces sortes de compensations sont de la sagesse de la Providence. Son goût pour les Sciences, ne tarda guéres à se déclarer. Dès l'âge de quatre ans, il se plaisoit à considérer attentivement les Cieux. Ces immenses voûtes lumineuses, qui roulent continuellement sur nos têtes, & qui ne cessent de nous paroître admirables, que par l'habitude où nous sommes de les regarder sans réfléxion, trouvoient dans l'enfant une attention, qu'elles ne trouvent pas toujours en nous. Ces commencemens, qui étoient après tout des marques fort équivoques, dont on n'eût osé tirer aucune conséquence pour l'avenir, ont abouti à rendre Gassendi un des plus grands Astronomes de son siecle. On remarque dans les Astronomes ses contemporains & ses successeurs, une espece d'affectation à ne le citer presque jamais qu'avec de grands éloges.

Ce grand homme ne s'est pas borné à l'Astronomie. Son esprit également propre à plusieurs genres de Litterature, a embrassé encore belles Lettres, Langues sçavantes, Philosophie, Théologie. Partout il a réüssi, mais avec un éclat qui l'a toujours distingué entre les Sçavans, & avec une rapidité dont on ne voit guéres d'éxemples.

A la fin de son cours de Philosophie, il fut choisi pour l'enseigner. Que ne doit-on pas conclure d'avantageux, de ce prompt passage de l'état d'Ecolier, à celui de Maître ? Les conséquences sont trop faciles à tirer, pour m'y arrêter. Remarquons seulement que ces sortes de distinctions extraordinaires, ne s'accordent guéres qu'à des personnes, qui ne se font pas moins aimer, qu'estimer.

Gassendi avoit assurément l'esprit assez inventif, assez juste, assez étendu, pour former de nouveaux systêmes de Philosophie : plusieurs s'en étoient bien mêlez, sans avoir de ce côté-là d'aussi grands avantages que ce Philosophe. Mais sa maxime étoit de s'en tenir, autant qu'il étoit possible, aux opinions déja établies. Il tâchoit de trouver dans les anciens Philosophes, ce que les nouveaux donnoient comme chose inconnuë à toute l'Antiquité. Pour cela il leur prêtoit toujours le sens le plus favorable; il mettoit à profit en leur faveur, jusqu'aux moindres circonstances, pour peu qu'elles leur fussent avantageuses ; en un mot il sauvoit de leurs Ouvrages, tout ce qui s'en pouvoit sauver, sans donner atteinte à la raison.

Parmi les systêmes des Anciens, celui qu'il a choisi pour le faire valoir, c'est le systême d'Epicure. Gassendi avoit une estime toute particuliere pour cet Auteur. Il en a fait imprimer la Philosophie, il en a écrit la vie, il en a fait revivre la Doctrine: depuis plusieurs siecles on n'avoit vû un tel Epicurien.

Qu'on ne s'allarme point au nom d'Epicurien. La plûpart ne connoissent Epicure, que sous l'idée d'un Philosophe voluptueux, qui autorise toute sorte de débauche. Le terme de *volupté* dans laquelle il faisoit consister le souverain bien, a donné occasion à cette erreur populaire, que plusieurs Auteurs, soit anciens, soit nouveaux, ont entretenuë, employant le mot d'Epicurien, pour marquer des gens plongez dans les plaisirs les plus infames. Il est vrai qu'Epicure met le parfait bonheur dans la volupté. Mais il s'en faut bien qu'il entende par la volupté les plaisirs grossiers & sensuels. Le mot de *volupté*, dans le sens qu'il lui donne, marquoit des plaisirs purement spirituels, tels que sont par exemple les plaisirs attachez à la pratique de la vertu, à la connoissance de la vérité, à l'accomplissement de ses devoirs. Les mœurs d'Epicure appuyent bien cette interprétation. Il menoit une vie très-réglée. Sa frugalité étoit admirable ; les douleurs les plus vives n'arracherent jamais de lui une plainte ; il croyoit le Sage heureux au milieu des plus grands tourmens ; la mort n'étoit pas selon lui un objet de crainte : telle étoit sa conduite, telles étoient ses maximes : il en coûtoit à la nature pour être un vrai Epicurien.

Epicure n'avoit donc rien dans sa conduite, qui dût le faire rejetter, & il avoit dans ses Ouvrages, de quoi se faire suivre. Il faut avouë que parmi les anciens Philosophes, il n'y en a guéres qui raisonnent aussi cohéramment que celui-ci. S'il péche, c'est dans les principes, & peu ou point du tout dans les conséquences qu'il en tire. A parler en général, son Système de Philosophie est bien concerté, & l'on y remarque que tout s'y raporte à une même fin. En voici le plan, que Gassendi a suivi pour la Physique, y faisant quelques changemens que j'aurai soin de marquer.

Le but d'Epicure dans sa Philosophie est de rendre l'homme heureux, autant qu'il peut l'être, & selon ce Philosophe, la Physique y peut contribuer, par cette tranquilité qu'elle procure à l'esprit, en lui découvrant les vraies causes des Phénoménes les plus surprenans de la nature ; causes qui ignorées nous laisseroient livrez à des incertitudes, ou même à des allarmes continuelles. Epicure déterminé à chercher la vérité, a recours, non pas à la Logique dont il ne fait aucun cas, mais aux sens, qui nous ont été donnez pour nous servir de flambeau, & qui ne nous sçauroient tromper, quand leur témoignage est confirmé par la refléxion, à laquelle il faut avoir toujours soin de le soumettre. Le témoignage des sens confirmé par la réfléxion, lui apprend que rien ne se peut faire de rien, ni se réduire à rien. Il faut donc qu'il y ait des premiers élémens de tout ce qui éxiste, & que ces élémens soient éternels & incorruptibles. Quels sont-ils ? Il ne peut y en avoir que deux, les atomes, & le vuide. Car ces élémens ont quelque solidité, ou ils n'en ont point du tout. Dans le premier cas, ils sont ce qu'Epicure appelle atomes, c'est-à-dire de petits corps solides, essentiellement indivisibles, puisque s'ils ne l'étoient pas, ils seroient composés ; composition incompatible avec l'idée des premiers élémens des choses. Dans le second cas, où les élemens n'ont aucune solidité, & laissent tout passer à travers sans aucune résistance, ils sont ce qu'Epicure entend par le vuide. Le Philosophe suppose ces atomes dans un vuide immense ou même infini, & il leur donne avec Démocrite, premier Auteur de l'idée des atomes, un mouvement en ligne droite, & un mouvement d'impulsion ; mais il ajoûte un mouvement d'obliquité, nécessaire pour l'accrochement des atomes, qui mûs seulement des deux premieres manieres, ne s'uniroient jamais ensemble, & ne formeroient par conséquent aucun corps. Quand ces atomes, portez çà & là selon leur différens poids & leur choc mutuel, se sont rencontrez dans un sens propre à s'accrocher les uns avec les autres, ils ont commencé de former des corps, qui par l'accrochement d'autres atomes, sont enfin devenus tels que nous les voyons. Les corps ainsi formez sont demeurez plus ou moins bas, selon que les atomes qui sont entrez dans leur composition, étoient plus ou moins pesans, plus ou moins raboteux, plus ou moins branchus. Tel est en substance le Système général d'Epicure, qui l'applique ensuite fort judicieusement à expliquer plusieurs points particuliers de Physique, & surtout les qualitez sensibles. La douceur, par exemple, vient, selon ce Philosophe de ce que le corps où elle se trouve, a été composé d'atomes ronds & polis, & il explique l'amertume par la raison contraire.

Gassendi admettant le vuide & les atomes, soûtient qu'ils ne sont pas de toute éternité. C'est Dieu qui les a créez, & qui leur a donné le mouvement, l'extension, & la figure, au lieu que, selon Epicure, ils avoient tout cela d'eux-mêmes. C'est la Providence qui a ménagé leur concours, qu'Epicure attribue au pur hasard, soutenant que Dieu n'a eu aucune part à la formation de l'Univers. Au reste Gassendi reconnoit avec Epicure l'inutilité de la Logique. Il y a plaisir à lire dans le Philosophe François son Systême exposé par lui-même. Il le fait avec une néteté, qui rend sensible ce qu'il veut dire, & en général tous ses Ouvrages sont parfaitement bien écrits. On y admire toujours un ordre naturel, un stile débarassé & coulant, une expression pure, & sur tout une profonde connoissance de ce qui regarde les anciens Philosophes, dont il met les systêmes dans un jour qu'ils n'avoient jamais eu.

Si Gassendi estimoit la sçavante antiquité, c'étoit d'une estime éclairée & toujours subordonnée à la vérité. Cette vérité une fois connue, avoit pour lui des attraits puissans, qui la lui faisoit hautement embrasser, fallut-il fouler aux pieds tout respect humain. Ce Philosophe, naturellement ennemi de la nouveauté, avoit combattu longtems la circulation du sang, & la communication du chyle avec le sang par les veines lactées. Il fut ravi d'être obligé à reconnoître son erreur, & il se félicitoit de ce que ces deux découvertes, qu'il regardoit comme fondamentales pour la Médecine, avoient été faites avant sa mort.

C'est dans les fameuses disputes avec Descartes, que Gassendi parut bien ce qu'il étoit, c'est-à-dire, très-bel Esprit, & encore plus honnête homme. Il avoit affaire à un Adversaire redoutable : mais révolté par la nouveauté de sa Doctrine ; il voulut, ou la faire tomber, si elle étoit fausse, ou s'instruire dans les formes, si elle étoit vraye. Le Pere Mersene, ce fameux Minime, si habile à faire naître & à perpétuer les querelles litteraires, au profit des Sciences, sçût entretenir celle-ci un tems bien raisonnable. Gassendi objectoit, Descartes répondoit : nouvelles instances d'un côté, nouvelles réponses de l'autre ; c'étoit, comme on dit, bien attaqué, bien défendu.

Les Méditations de Descartes n'eurent jamais à soutenir une plus forte épreuve, & M. Hobbes, très-habile Connoisseur, estimoit infiniment l'Ouvrage où Gassendi les avoit combattues. L'illustre Agresseur relevoit par une rare modestie la gloire qu'il acqueroit dans le démêlé litteraire. Ce vigoureux Athléte, qui, au jugement des Sçavans de toute l'Europe, attentifs à l'événement du combat, portoit de si rudes coups à son Antagoniste, se faisoit un plaisir de publier par tout Paris, que ses objections n'étoient que de foibles difficultez, qui ne pouvoient servir qu'à faire éclater davantage le beau génie du grand homme, qu'il avoit eu la témérité d'attaquer. Quel effet devoit naturellement

rellement produire un tel langage, placé dans les circonstances avantageuses qui l'accompagnoient ? On connut le parfaitement honnête homme, où l'on ne connoissoit encore que l'habile homme; & ceux qui connoissoient déja l'un & l'autre, furent confirmez plus que jamais dans leur idée. Ne dissimulons pas ici, qu'après une dispute fort opiniâtre, & infiniment glorieuse aux deux combattans, ils parurent un peu refroidis, l'un à l'égard de l'autre: L'illustre M. l'Abbé d'Estrées, depuis Cardinal, craignant que cette desunion naissante, ne tournât au desavantage des Sciences, dont les interêts lui tenoient fort au cœur, entreprit d'en arrêter toutes les suites fâcheuses. L'habile Conciliateur trouva, que le moyen le plus propre pour adoucir les deux Esprits aigris, & les ramener à

Aa

leur ancienne concorde, étoit de leur donner chez lui un grand repas, où tout ce qu'il y avoit à Paris de Philosophes & de Mathématiciens distinguez, fût invité. L'idée fut exécutée, & eut tout le succès qu'on en devoit attendre, quoique Gassendi s'étant malheureusement trouvé malade en ce jour de paix & de joye, ne pût se joindre à ses Convives. On remarqua dans le cours de la dispute des deux fameux Philosophes, que Gassendi avoit l'avantage sur Descartes, par sa maniere d'écrire. On reconnoissoit dans son stile, l'homme qui s'étoit particulièrement attaché aux belles Lettres, & qui avoit enseigné la Rhétorique.

La douceur du commerce, jointe à l'excellence connue de l'esprit, gagna tous les cœurs à Gassendi, & lui attira une estime universelle : mais j'insiste sur cette réunion des cœurs en sa faveur. L'estime universelle pour un Sçavant d'un ordre supérieur, n'a rien d'étonnant. Les deux Cardinaux de Richelieu, le fameux Ministre d'Etat, & l'Archevêque de Lion son frere, lui témoignerent dans toutes les occasions, qu'ils ne l'aimoient pas moins, qu'ils l'estimoient. Le dernier lui donna les marques les plus sensibles de son parfait attachement, par la maniere vive & efficace dont il s'y prit, pour lui procurer à Paris une Chaire de Mathematique. Gassendi les enseigna avec un concours d'Ecoliers, d'autant plus surprenant, qu'on ne le voit guéres à la suite de ces Sciences, d'ailleurs si belles, si sublimes, si utiles, & que le Professeur, quoiqu'aussi profond Astronome, que Philosophe, n'étoit qu'un Géométre, assez superficiel, même pour ce tems-là. M. de Montmor, ce Sçavant Maître des Requeftes, qui fe connoiffoit fi bien en gens de mérite, en trouva tant dans Gaffendi, qu'il voulut abfolument l'avoir auprès de lui. Il l'attira donc dans fa maifon, & il reconnut par un fréquent commerce, que le Sujet étoit encore au-deffus de la grande idée qu'il en avoit.

Mais ces illuftres fuffrages, tout glorieux qu'ils font, ne le font pas autant, ce me femble, que ceux des Sçavans, à l'égard d'un autre Sçavant. En général les gens d'une même profeffion ne cherchent qu'à fe déprimer les uns les autres : c'eft qu'ils courent après des intérêts de même efpece, & l'avidité naturelle à l'homme fait mettre tout en œuvre pour fupplanter les concurrens. J'ajoute que ce fonds de malignité, & de jalousie, qui nous est commun à tous, se réveille à la vûe de la gloire de nos Confreres. Le desordre est bien plus grand parmi les Sçavans, que parmi les autres. Tout ce qui regarde l'esprit, nous touche au vif. Nous nous croyons tous, autant que nous sommes, fort bien partagez de ce côté-là, nous voulons que le Public le croye aussi, nous craignons que la réputation des autres ne donne quelque atteinte à la nôtre, l'idée seule de comparaison de nous aux autres nous choque, nous voulons absolument avoir le dessus. Voilà en général ce que nous sommes les uns à l'égard des autres sur le point d'esprit, mais tels sont en particulier les Sçavans entr'eux. Quelle gloire pour Gassendi d'avoir tenu un rang très distingué, dans l'esprit & le cœur de tous ses

Confreres? Il étoit connu & ami de tout ce qu'il y avoit de Sçavans illustres dans l'Europe; tous en parlent avec des éloges magnifiques, entr'autres le célébre Vossius que notre Philosophe eût le plaisir de voir dans un voyage qu'il fit en Hollande. Sa grande modestie n'a pas peu contribué à cette réunion des cœurs en sa faveur.

Il faut dire un mot de sa pieté : elle mérite de l'attention dans les Sçavans du premier ordre. Son penchant pour la vertu, secondé de l'état Ecclésiastique qu'il embrassa, lui fit conserver toute sa vie de grands sentimens de Religion. Ils éclaterent surtout à sa mort. Il se voyoit mourir peu à peu, & il étoit persuadé qu'il mouroit pour avoir été trop saigné. Mais comment en parloit-il ? Il vaut mieux s'endormir dans le Seigneur, disoit-il, par une mort douce comme celle-ci, que par la violence d'une douleur vive, qui arrêteroit les fonctions de l'esprit & du cœur, si nécessaires dans ce dernier moment. Il fut universellement regreté.

Pierre Gassendi étoit né auprès de la ville de Digne en Provence, l'an 1592. & il est mort à Paris en 1655. Il a fondé à perpétuité une Messe annuelle dans une Chapelle de Digne, & des aumônes annuelles aussi pour les pauvres du même lieu. Son tombeau est à S. Nicolas des Champs.

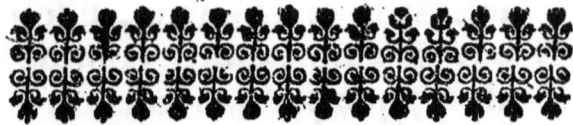

DESCARTES.

Ous voici arrivez au célébre Descartes, qui par l'excellence de ses Ouvrages originaux, a fait voir à toutes les Nations, jusqu'où peut aller l'esprit François dans les Sciences les plus sublimes & les plus épineuses. C'est un Héros en Philosophie & en Géométrie, aujourd'hui reconnu pour tel par tous les Sçavans. Un mérite si bien attesté, n'est pas un mérite équivoque.

Tout concourt à la gloire de ce Philosophe; la nouveauté, l'étenduë, l'excellence de sa Doctrine; la grande réputation de ses Disciples, & leur multitude malgré

gré toutes les contradictions qu'il a fallu essuyer dans les commencemens, par un sort commun à tous les grands Ouvrages.

Plusieurs Auteurs ont déja dit que Descartes a fait seul plus de découvertes, que n'en ont fait ensemble tous les Philosophes qui l'ont précédé. Ils pouvoient ajouter qu'il a part en quelque façon, à toutes celles qui ont été faites depuis par ses successeurs. C'est lui qui a répandu l'émulation parmi les Sçavans, auparavant si timides & si languissans. Il a donné le premier branle à tout dans la République des Lettres, & par une heureuse révolution, dont l'époque est d'autant plus glorieuse à Descartes, que probablement il y a fort influé, c'est de son tems que toutes les Sciences ont commencé à changer de face. L'estime pour les Anciens alloit si loin, qu'on se bornoit à les bien entendre, persuadé qu'il n'étoit pas possible à l'homme de rien trouver, qui leur eût été inconnu. Descartes a dissipé cette erreur, & nous a appris à ne reconnoître dans les connoissances purement naturelles, d'autre joug que celui de la raison, malgré les préventions les plus fortes déja établies.

Les Ouvrages qu'il nous a laissez, seront des preuves immortelles de son grand génie. Que ne lui a-til pas dû couter, pour aller aussi loin qu'il est allé dans les Sciences les plus relevées ? N'éxaminons point ici si ses Ecrits sont partout hors des atteintes de la critique. Nous convenons de bonne foi que quelques endroits doivent être réformez, par éxemple sa prétenduë démonstration Géométrique de l'éxistence de Dieu &c. & que quelques autres doivent être entierement supprimez, par éxemple la plûpart de ses régles du mouvement &c. Il n'est pas étonnant que parmi cent bonnes choses, il s'en trouve quelques mauvaises, surtout dans un Auteur qui a été obligé de se frayer de nouvelles routes ; circonstance remarquable qu'il ne faut jamais perdre de vûe. Mais il faut convenir aussi, que les Ouvrages de Descartes, tels qu'ils sont prenant le bon avec le mauvais, & considérant les obstacles qu'il lui a fallu surmonter, nous doivent faire regarder cet Auteur comme un prodige de génie. Ne refusons pas un moment d'attention à ces obstacles : ils relevent infiniment la gloire du Philosophe dont je parle.

Descartes avoit reçu du Ciel

les difpofitions les plus heureufes pour les Sciences. Il joignoit à un grand amour de l'étude, l'efprit le plus folide, le plus pénétrant, & le plus étendu qu'on ait guéres jamais vû. Son efprit n'étoit pas de ces efprits lens & tardifs, qui attendent le nombre des années pour fe déveloper. Envoyé à un des plus célébres Colleges de ce Royaume, il fait bien-tôt entrevoir, ce quil doit devenir un jour. Il laiffe bien loin derriere lui fes Compagnons d'étude, & réduit fes Maîtres à avouër, qu'ils ne lui peuvent plus rien apprendre. Succès brillans, applaudiffemens continuels, eftime univerfelle, tout le porte à fe croire déja fçavant. A travers ces dehors fpécieux & féducteurs, il découvre ce qu'il en eft. Il reconnoît qu'à la vérité il fçait ce qu'on enfeigne communément dans les Colleges : mais il ne peut se diſſimuler qu'en le ſçachant, il ne ſçait rien, qu'il n'y a dans tout ce que ſes Profeſſeurs de Philoſophie lui ont appris, ni certitude, ni clarté, ni principe. Peu s'en faut qu'il ne renonce entierement aux Livres, perſuadé qu'ils ne lui peuvent rien apprendre d'une maniere ſolide, puiſqu'avec le ſecours de Maîtres ſi éclairez, & les plus grands ſuccès apparens dans ſes études, il ne ſçait encore rien, à proprement parler. Un violent deſir de ſçavoir, prend heureuſement le deſſus, & lui fait chercher des moyens propres pour le contenter. Mais que d'obſtacles à ſurmonter ! Plus il a travaillé à s'avancer dans les Sciences, plus il eſt éloigné de rien ſçavoir : ſes propres progrès lui ſont préjudiciables. Il faut revenir ſur ſes pas, defapprendre ce qu'il a appris, abandonner les préjugez dont il eſt rempli; tout cela eſt abſolument néceſſaire pour ſe mettre dans la bonne voye.

Ce n'eſt pas aſſez de s'y mettre : il faut avancer, & comment avancer ſans guide dans des routes difficiles & inconnuës tout enſemble ? Rien n'arrête Deſcartes. Conduit par la ſeule raiſon, il entre dans les ſecrets les plus profonds de la Philoſophie ; il démêle avec une ſagacité étonnante, les divers replis ſous leſquels la vérité aime quelquefois à ſe cacher ; que dirai-je encore ? forçant les barrieres, qu'on avoit crû juſqu'alors devoir ſervir de bornes éternelles à l'eſprit humain, il fait une multitude prodigieuſe de découvertes admirables. Ses Eſſais de Philoſophie, compoſez ſelon les régles de ſa nouvelle Méthode, firent bien voir qu'il avoit véritablement trouvé la clé des Sciences, & ne permirent plus de douter que leur Auteur ne fût un génie universel, de qui l'on devoit tout attendre. En effet Descartes parût dans cet Ouvrage grand Métaphysicien, grand Physicien, & grand Géometre tout ensemble. Les Essais furent suivis des Méditations, & les Méditations le furent des Principes, Ouvrages tous remplis d'une nouvelle Doctrine, dont il faut donner ici une idée générale. Commençons par la Logique.

Descartes reconnoît que celle qu'on enseigne ordinairement dans les Ecoles, n'est rien moins que ce qu'on la définit. Selon ce Philosophe, elle ne nous apprend rien, & ne nous peut servir tout au plus, qu'à communiquer aux autres ce que nous fçavons déja. Au lieu de la Logique ordinaire, chargée de tant d'inutilitez, il s'en fait une, toute fimple & très-courte. Elle fe réduit aux quatre points fuivans. 1º. Il ne faut tenir pour vrai, que ce qui eft très-évident. 2º. Il faut divifer, & pour ainfi dire, décompofer les chofes, pour les bien connoître. 3º. Il faut conduire fes penfées par ordre, allant des plus fimples, à celles qui font plus compliquées, de celles-ci à d'autres encore plus compliquées, & ainfi de fuite. 4º. Il ne faut rien omettre dans ce qu'on divife, c'eft-à-dire, qu'il faut être éxact dans le dénombrement qu'on fait des parties d'un tout, enforte qu'il n'en échape aucune.

Defcartes établit fa Métaphyfique fur des principes très-fimples, mais qui entre fes mains deviennent d'une fécondité admirable. Il veut que pour un moment nous doutions de tout, sans excepter même les démonstrations les plus sensibles de la Géométrie, afin de nous dépouiller entierement des faux préjugez, que nous pouvons avoir pris, & de ne rien admettre desormais, que ce que nous serons forcez d'admettre par la vérité clairement & distinctement connuë. La premiere connoissance sûre qui se presente à nous dans cet état hypothétique de doute universel, c'est l'éxistence de nous-mêmes, parce qu'en doutant de tout, nous ne pouvons nous empêcher de reconnoître que nous pensons, & que par une conclusion immédiate, nous inférons de ce que nous pensons, notre éxistence. Ainsi cette fameuse proposition, *Je pense, donc je suis*, est la premiere de toutes les connoissances certaines ; & comme on n'avance dans les Sciences que par le raisonnement, c'est-à-dire, qu'en tirant de ce qu'on sçait, la connoissance de ce qu'on ne sçait pas, il faut que toutes les véritez coulent de cette premiere, *Je pense, donc je suis.*

La difficulté est de bien suivre le fil des véritez, & d'observer toujours l'ordre dans lequel elles se presentent à l'esprit. Le progrès de Descartes dans leur découverte, est celui-ci. La connoissance de son éxistence, le conduit à celle de la distinction réelle de l'ame d'avec le corps : il passe de cette distinction réelle de l'ame d'avec le corps, à l'idée d'un Etre souverainement parfait ; de l'idée d'un Etre souverainement parfait, à l'éxistence de ce même Etre ; de l'éxistence d'un

Etre souverainement parfait, à l'éxistence des corps; & le voilà arrivé à l'objet de la Physique, où il emploit encore des principes également simples & féconds.

Je suis donc assuré de l'éxistence des corps; mais comment ont-ils pû se former, & d'où viennent les différentes proprietez que j'y remarque ? C'est ce qui me reste à sçavoir, & c'est ce que Descartes explique de cette sorte.

Il suppose que Dieu ayant rempli de matiere, tout l'espace indéfini de l'univers, sans y laisser absolument aucun vuide, l'a partagée en de petites parties Cubiques, auxquelles il a imprimé deux mouvemens; l'un, par lequel chaque partie Cubique tourne autour de son centre; l'autre, par lequel plusieurs de ces mêmes parties Cubiques tournent autour d'un centre qui leur est commun. Toute la masse de ces parties, qui tournent autour d'un même centre, est ce que Descartes appelle Tourbillon. Comme les parties de la matiere créée & divisée se touchoient les unes les autres, n'y ayant par hypothese aucun vuide entr'elles, le mouvement circulaire a dû nécessairement abbatre leurs carnes ou angles solides, soit par petits éclats, soit par pulvérisation, & de cette sorte les parties qui étoient d'abord Cubiques, sont devenues rondes. Ainsi à la place des premieres parties Cubiques, il y eut, 1°. Une poussiere très-fine, appellée matiere subtile ou premier Elément. 2°. De petits corps ronds, appellez matiere globuleuse ou second Elément. 3°. Des parties d'une figure diversement irréguliere, appellées matiere rameuse ou troisiéme Elément. Le premier Elément est la matiere du Soleil, & des Etoiles fixes. Il prédomine encore dans le feu terrestre, & parce que les loix du mouvement sont telles, que quand plusieurs corps de différente grandeur, tournent autour d'un même centre, les plus petits sont toujours les plus voisins du centre, il faut conclure que chaque Tourbillon a au milieu, ou le Soleil ou quelque Etoile fixe, ou du moins tout ce qu'il contient de matiere propre à former le Soleil & des Etoiles fixes. Le grand nombre des Tourbillons n'empêche pas qu'ils ne tournent tous ensemble, & chacun du sens qu'il convient, soit à lui-même, soit au tout, sans se détruire les uns les autres, pour en faire un total, & s'ils se compriment mutuellement par leurs forces centrifuges, c'est d'une matiere uniforme & partout égale, qui ne sçauroit troubler leur équilibre. Le second Elément remplit tout cet espace immense, qui est depuis la terre jusqu'aux Etoiles fixes, observant néanmoins, que selon la précédente loi du mouvement, les globules les plus petits, sont les plus proches du Soleil, au Tourbillon duquel ils appartiennent tous. Le troisiéme Elément est la matiere de la terre, des corps terrestres, des Cometes, des taches du Soleil, &c. C'est par la réunion des parties de chaque Elément, que tous les corps se sont formez.

Pour connoître à présent d'où viennent les différentes proprietez des corps, il faut connoître quelle en est la nature ou l'essence. Descartes la met dans l'étenduë, & il rejette par là non-seulement la réalité, mais encore la possibilité du vuide, puisque tout espace, ayant de l'étenduë, a tout ce qu'il faut pour être corps. Ce principe fondamental une fois établi, le Philosophe trouve l'explication des proprietez des corps, & des effets les plus surprenans de la Nature, dans l'idée de l'étendue, dans la figure & la disposition des parties, dans les loix générales du mouvement qu'il applique continuellement aux sujets particuliers, entr'autres celle-ci, que tout corps tournant autour de son centre, fait effort pour s'en éloigner. Tel est le fonds de la Doctrine de Descartes. Il l'a exposée avec beaucoup de néteté & de précision, toujours en bons termes, soit qu'il ait écrit en François ou en Latin.

Quelles contradictions n'a-telle pas eu à soûtenir ? Les Sçavans réveillez au bruit de la nouvelle Philosophie qui paroît, ne tardent guéres à éclater : tout est en combustion parmi eux. Descartes a déja sur les bras Fermat, Roberval, Gassendi, Arnaud ; adversaires tous dignes de lui, & tous illustres depuis par leurs Ecrits. Il voit des Universitez s'élever contre sa Doctrine, & la proscrire absolument : l'orage se déclare de tous les côtez ; vains efforts. Toutes ces traverses ne servent qu'à rehausser la gloire du nouveau Philosophe. Descartes fait face à ses adversaires ; il les desarme, la plûpart par lui-même, les autres par ses Disciples ; enfin sa Doctrine prend le dessus, & on sçait à quel point elle s'est élevée sur la ruine de celle des Philosophes ses prédecesseurs.

C'e

C'est un préjugé bien favorable pour la nouvelle Philosophie, que le grand nombre de ceux qui l'ont embrassée. Ne confondons point dans la foule deux illustres Carthesiennes, Christine Reine de Suede, & Elizabeth, fille aînée de l'infortuné Frederic Electeur Palatin, élû Roi de Boheme. C'étoient deux Princesses des plus spirituelles de leur siecle. Descartes compte parmi ses Disciples, tout ce que nous avons eu depuis lui, de Philosophes distinguez à un certain point, les Rohauts, les Regis, les Bayles, les Malebranches, &c. Ceux même de ses sentimens qui ont été les plus combattus, n'ont pas laissé de trouver des partisans, & quelquefois des partisans de grands poids. Par exemple le sentiment sur l'ame des bêtes que Descartes croit être des Automates, c'est-à-dire des machines, qui ont en elles-mêmes le principe de leur mouvement, étoit, selon Pascal, ce qu'il y avoit de meilleur dans la nouvelle Philosophie.

Ne concluons pas néanmoins de ce concours de suffrages illustres, tout décisif qu'il paroît, qu'il faille suivre Descartes indifféremment dans tous les points, sans éxamen & sans discernement. Contentons-nous de dire qu'il contient beaucoup d'excellentes choses; qu'il a ouvert le chemin à une infinité de découvertes qu'on a faites dans la suite; enfin qu'on ne peut assez admirer la vigueur, la pénétration, l'étendue, la fécondité du génie de ce grand homme, qui a sçû tirer de son fonds tout ce que nous voyons dans ses Ouvrages. Je dis de son fonds; car les Livres, non plus que ses Maîtres, ne lui furent jamais d'un grand secours. Il nous apprend lui-même, que quand il n'auroit jamais étudié, il eût également écrit tout ce qui est sorti de sa plume. C'est qu'il trouvoit tout par une continuelle méditation. Ses beaux Ouvrages sont le fruit des matinées passées au lit, selon sa coûtume, à méditer profondément.

Descartes étoit un homme à grandes vûes, & il vouloit toujours du nouveau. Se mêle-t'il de Géometrie ? il dédaigne de marcher sur les traces de ses Prédecesseurs, & du premier vol il s'éleve au-dessus des Archimedes, des Apollonius, des Euclides. Sa Géométrie est une Géométrie toute nouvelle, qui suppose celle des Anciens déja aprise, avec l'Algebre, tant la nouvelle, que l'ancienne. Jette-t'il les yeux sur la Physique ? Il en saisit tout le Systême général, vaste projet, que personne avant lui n'avoit ofé former. Difons un mot de ce qu'on penfe de ce fameux Syfteme déja expliqué. Quelques-uns trouvent qu'il tient du Roman, & foûtiennent tout de bon ce que Defcartes ne difoit qu'en riant, lorfqu'il appelloit fa Philofophie le Roman de la Nature. Roman tant qu'on voudra : toûjours faudra-t'il convenir que c'eft l'effort du génie fupérieur, d'avoir fçû fi bien concerter un Syfteme général de Phyfique, qu'on en puiffe déduire l'explication de chaque Phénomene particulier de la Nature. Quand on ne confidere dans ce Syfteme, que certaines parties détachées, il paroît fondé fur des fuppofitions purement gratuites; il n'en eft pas de même, quand on le prend tout entier. On trouve que tout s'y foûtient jufqu'au bout, & on fent bien qu'il n'eft pas si aisé de le détruire. Ceux qui l'ont entrepris jusqu'à présent, ont échoué, & leur mauvais succès doit décourager bien d'autres.

Il ne faut pas s'imaginer que cette étendue de génie qu'on admire dans Descartes, ait été uniquement le present de la nature : l'art y avoit sa part. Ce Philosophe nous apprend, qu'il avoit préparé de bonne heure son esprit aux Sciences, en l'éxerçant par l'étude de la Geometrie, & de l'Algébre. Il ajoûte qu'au bout de six mois, il avoit acquis de cette sorte une facilité merveilleuse, pour démêler les difficultez les plus compliquées : éxemple remarquable, qui joint à une infinité d'autres, qu'on pourroit citer, devroit nous rendre familieres ces deux belles Sciences. La source de leur malheur, ou plûtôt du nôtre, est visible ; c'est qu'elles nous paroissent toutes hérissées d'épines, que nous n'avons pas le courage de fouler aux pieds, malgré tous les grands avantages qu'on nous promet en dédommagement de nos peines.

Descartes ne s'est pas tellement attaché aux connoissances naturelles, qu'il ait entiérement négligé la Morale. Nous avons de lui un Traité des passions, où il explique leur nature & leurs raports mutuels, & c'est un des derniers Ouvrages qu'il ait donné au Public. Sa Morale pratique, où les maximes de sa conduite, avoient quatre points fondamentaux. Les voici :

1°. Il faut obéir aux loix & aux coutumes de son pays.

2°. Il faut être ferme dans ses résolutions, & suivre aussi constamment les opinions douteuses, quand on s'y est une fois déterminé, que les plus assurées.

3o. Il faut travailler plûtôt à se vaincre soi-même, qu'à vaincre sa fortune.

4o. Il faut rechercher la vérité sur toutes choses, & en faire son principal emploi, sans condamner les occupations des autres.

Quand on éxamine où vont ces maximes, on reconnoit facilement qu'elles partent d'un homme qui veut vivre tranquille.

C'étoit-là effectivement toute l'ambition du Philosophe. Le grand monde, la vie tumultueuse, le tracas des affaires, avoient pour lui quelque chose de bien dégoutant. Il ne tenoit qu'à lui d'être à Paris avec toute sorte d'agrémens. Il y étoit connu, aimé, estimé, & il avoit à dépenser; mais son cœur le portoit ailleurs. Ce grand homme, naturellement sérieux & pensif, soupiroit après le silence de la retraite. C'étoit-là seulement qu'il pouvoit donner carriere à son esprit, violemment entrainé aux plus hautes spéculations. Avec un mérite moins brillant, il eût trouvé ce qu'il souhaitoit si fort : la grande réputation devient quelquefois incommode. Celle du Philosophe lui attira jusques dans la solitude, des visites & des Lettres, avec une importunité dont il ne s'accommodoit pas. Ses cheres méditations en souffroient trop, pour ne pas pourvoir efficacement au desordre, fallut-il sortir hors du Royaume. Ce fut le parti qu'il prit, flatté de l'esperance de trouver dans un pays étranger, ce qu'il ne pouvoit trouver dans le sien. Il se retira auprès d'Egmont, petite ville d'Hollande, où il passa une bonne partie de sa vie dans une

une méditation continuelle, & c'est de ce pays étranger que sont sortis ces beaux Ouvrages, qui ont fait tant de bruit dans le monde.

L'amour de la liberté & de l'indépendance, ne cédoit point dans Descartes à celui de la retraite. Le Philosophe ne s'en cachoit point. Il disoit à qui vouloit l'entendre, que la liberté avoit pour lui plus d'attraits, que le diadême, & que dans le concours, il aimeroit mieux vivre libre que Roi; nous pouvons l'en croire sur sa parole. Du moins voyons-nous dans tout le cours de sa vie, que sa conduite a été parfaitement conforme à ce langage. Le Cardinal de Richelieu, touché du grand mérite de Descartes, eût beau l'appeller à la Cour, & lui faire les propositions les plus avantageuses pour l'attacher auprès de sa personne : le Philosophe indépendant, ne pouvant rien souffrir qui eût air de joug, les rejetta sans balancer. On peut juger, si celui qui trouvoit que c'étoit un esclavage trop dur, que d'être auprès des Grands à profiter de leurs faveurs, songea jamais au mariage, qui est bien une autre sorte d'esclavage. Il garda constamment le célibat, & ne chercha qu'une fois à en adoucir les rigueurs. Cette faute, unique dans son espece, fit tenir le Philosophe sur ses gardes tout le reste de sa vie, & sa vigilance eût tout le succès qu'il en pouvoit attendre.

Un esprit Philosophique suivoit partout Descartes. Quand on nous dit d'un Gentilhomme distingué comme lui, qu'il a servi dans le Royaume & dans plusieurs Etats étrangers, nous sommes tentez de croire, que les devoirs de sa naissance, ou bien l'amour de la belle gloire, lui ont mis les armes à la main : cependant nous y ferions tous trompez. Descartes envisageoit la guerre d'un œil Philosophique, c'est-à-dire qu'il y alloit pour faire profondes, des réfléxions sur la conduite des hommes. S'il va au siege de la Rochelle, c'est pour éxaminer mathematiquement la fameuse digue : s'il passe en Hongrie, c'est pour voir quelle seroit l'issuë d'une guerre, qui attiroit alors l'attention de toute l'Europe : quelque part qu'il serve, c'est pour connoître les mœurs des Nations différentes, pour s'instruire de ce qui peut le plus contribuer à notre sûreté, pour faire provision d'expériences Physiques. Comme on ne peut pourtant pas être simple spectateur dans une armée, il falloit que le Philosophe fît quelques fonctions militaires, bien entendu que sa chere liberté n'en souffriroit point. La qualité de volontaire étoit tout ce qu'il falloit pour cela, & ce fut aussi celle qu'il prit toujours. Il se retira du service, avec peu d'idée de la guerre, & peut-être n'y en avoit-on gueres plus d'un Sujet si spéculatif. Ce n'est pas que Descartes n'eût tout le courage nécessaire pour le métier de la guerre, s'il n'avoit pas été toujours absorbé dans la méditation. Nous sçavons que dans une occasion, son intrépidité le tira d'un grand danger; c'étoit en Allemagne, à un trajet. Les gens qui le conduisoient, avides de la dépouille de l'Etranger inconnu, résolurent de le jetter dans l'eau, & s'entre-communiquerent leur dessein en leur jargon. Descartes, contre l'idée de ces malheureux, entendoit assez l'Allemand, pour comprendre qu'il s'agissoit de lui. Son courage, secondé de l'amour de la vie qui périclitoit, lui fit tirer l'épée contr'eux, mais d'un air si terrible, que ces gens aussi grossiers que scélérats, en furent tout perdus, & craignant pour eux-mêmes à leur tour, ils n'eurent rien de plus pressé, que de mettre à terre, celui qui ne leur avoit pas paru d'humeur à se laisser jetter dans l'eau, comme ils se l'étoient apparemment imaginé.

Les services que Descartes a rendus au Public, ne sont rien en comparaison de ceux qu'il lui vouloit rendre. Quand il fut arrivé à un âge un peu mûr, il résolut de ne plus donner de tems, à ce qui n'est dans les Sciences que de pure curiosité. Il cessa de proposer des Problemes comme auparavant, & peu à peu il en vint à n'en vouloir plus résoudre, voyant qu'ils n'aboutissoient à aucune utilité sensible. A ces éxercices absolument abandonnez, il en fit succéder d'autres bien plus intéressans. Persuadé avec raison qu'il n'y a rien de plus cher à l'homme, que la vie & la santé, il s'appliqua aux Sciences qui doivent fournir les moyens de les conserver. La Médecine, la Chymie, l'Anatomie devinrent les objets de ses méditations, & de ses recherches. Personne n'étoit plus en état d'y réussir. Il avoit déja de grandes avances, & à un génie inventif il joignoit une application continuelle. Si les succès n'ont pas répondu à l'attente publique & à la sienne propre, c'est qu'une mort prématurée l'a arrêté au milieu de ses beaux projets, perte irréparable pour le Public. Toujours devons-nous sçavoir bon gré au zelé Philosophe de sa bonne volonté. Il nous l'a témoignée de la maniere la moins équivoque, partout ce qu'il fit pour ne pas quitter la solitude, où il avoit résolu de travailler à notre service jusqu'à la fin de ses jours. Une grande Reine, moins attentive dans cette occasion à l'utilité publique, qu'à la sienne propre, qui devoit pourtant être subordonnée à la premiere, arracha de ce cher lieu notre Philosophe, & le fit aller auprès d'elle, pour être son guide dans les Sciences, & son conseil dans les affaires. La Reine dont je parle, c'est Christine de Suede, également célébre par sa vertu héroïque, & par sa profonde Science. Tout le monde sçait qu'elle quitta la Couronne pour embrasser la Religion Catholique : mais tout le monde ne sçait pas que Descartes l'avoit portée à cette abdication : c'est pourtant ce que plusieurs ont assuré.

Parmi les bonnes qualitez morales de ce Philosophe, on a sur tout admiré son grand desinteressement. Il ne se donnoit aucun mouvement pour toucher une pension que le Roi lui avoit accordée, & il disoit assez plaisamment, parlant du brevet de cette pension, que c'étoit-là du parchemin, qui lui avoit plus coûté qu'il ne lui avoit jamais valu : c'est qu'il lui avoit fallu financer pour son expédition, & qu'il ne lui avoit encore rien rapporté. Un Seigneur voulut lui abandonner à pur & à plein une terre de quatre mille livres de revenu, sous prétexte de lui fournir le moyen de faire les expériences de Physique nécessaires. L'offre étoit tendante, & le pas bien glissant, même pour un Philosophe. Le nôtre ne broncha pas le moins du monde, & quelque instance que pût faire le Seigneur, tout se termina de part & d'autre à des marques éclatantes de générosité.

Les Adversaires de Descartes ont voulu rendre suspects ses sentimens sur la Religion, aussi bien que ceux de ses Disciples. Le fondement du soupçon, c'est que cet Auteur fait consister l'essence des corps dans une extention actuelle en longueur, largeur & profondeur, Doctrine qui paroît incompatible avec celle de l'Eglise sur l'Eucharistie. Ne discutons point le fonds de cette opinion, qui trouve dans les Ecoles ses Adversaires & ses Partisans,

& qui probablement en trouvera toujours, à moins qu'une décision de l'Eglise ne fixe à cet égard la créance des Fidelles. Tout ce qu'on peut dire en général, c'est que Descartes a toujours témoigné dans sa conduite & dans ses Ecrits beaucoup de soumission pour l'Eglise. Il se félicite d'être né dans la Religion Catholique, qu'il croit la seule bonne: il déclare que s'il y a rien dans ses Ouvrages, qui donne atteinte à la Foi, il est prêt à l'en retrancher: en un mot, il soumet tous ses Ecrits au jugement de l'Eglise: que veut-on de plus? Dès qu'il sçût que l'opinion du fameux Galilée sur la terre tournante autour du soleil immobile, avoit été condamnée à Rome, Descartes supprima son Traité du Monde, parce que l'opinion condamnée y entroit pour quelque chose.

En pouvoit-il faire davantage ?

Ne flattons point le portrait de ce Philofophe : difons-en le mal comme le bien, s'il y en a à dire. Il paroît avoir eu trop bonne idée de fes Ouvrages. C'eft un foible qu'il lui faut paffer à la faveur de tout le refte. Prefque tous les Auteurs en font-là. Ils regardent les productions de leur efprit, comme un pere regarde fes enfans, c'eft-à-dire avec beaucoup d'indulgence, & toujours par le bon côté. L'opinion qu'avoit Defcartes de la bonté de fes *Effais*, alloit jufqu'à lui faire dire, que fi l'on y trouvoit feulement trois lignes à retrancher, il avoueroit que toute fa Philofophie n'étoit qu'un tiffu d'erreurs : aveu qu'il ne croyoit certainement pas être jamais obligé de faire. On auroit de la peine à lui paffer fon foible pour fa Géométrie, s'il n'avoit eû la précaution de ne le découvrir qu'à des amis intimes, dans des lettres qu'il ne croyoit pas apparemment devoir jamais devenir publiques. Il ne fait pas difficulté de leur déclarer à cœur ouvert, que son dessein, en donnant une Géométrie toute nouvelle, sans déveloper qu'à demi les fondemens de ses découvertes, a été de dérouter un peu les Sçavans à Paris, & de leur faire sentir qu'ils ne sçavent pas tout. Il en vient jusqu'à nommer les Sçavans de l'Europe, qu'il croit seuls capables d'entendre sa Géométrie. Il faut convenir que c'est un Ouvrage admirable, qui marque dans son Auteur une force de génie sans éxemple jusqu'alors. Ce que les Géometres nouveaux appellent la construction des Equations, est peut-être la plus haute spéculation, où l'esprit humain se soit jamais élevé; la méthode des indéterminées est la clé des découvertes les plus compliquées; la réduction des courbes en équation nous donne une facilité étonnante pour connoître les proprietez les plus cachées de ces sortes de lignes, & c'étoit une avance nécessaire pour arriver à la fameuse Géométrie des *Infiniment petits*; enfin l'Auteur fait voir l'excellence de sa Géométrie, en l'appliquant à résoudre un Probleme, sur lequel les Apollonius, les Euclides, & généralement tout ce qu'il y avoit eû de Géometres distinguez avant Descartes, avoient inutilement exercé leurs forces. Disons-le ici; la réputation de grand Géometre a contribué infiniment à établir la Philosophie de Descartes, & la vérité est que c'étoit le préjugé le plus favorable pour la nouvelle Doctrine. Les Anglois jaloux de la gloire de la France, qu'ils ne croyoient pas capable de produire un Géometre de cette force, prétendent que nôtre Descartes n'a été que le plagiaire de leur Harriot. Wallis a beau se démener pour le prouver : il ne persuadera personne. Partout il épouse les intérêts de sa Nation, avec une partialité trop marquée.

René Descartes étoit né à la Haye en Touraine l'an 1596, & il est mort à Stokolm, Capitale de la Suede, l'an 1650. Il étoit d'une noblesse Bretone distinguée & riche. Son corps a été porté de Suede en France, & enseveli avec grande solemnité dans l'Eglise de Ste Genevieve à Paris.

MAIGNAN.

Ous devons ce grand Philosophe à l'illustre Ordre des Minimes, qui en a formé dans son sein encore quelques autres très-distinguez, & si je n'en parle point ici, c'est que je ne m'attache qu'à un fort petit nombre de ceux, qui avec l'avantage du mérite, ont eu celui d'acquerir le plus de réputation.

Les grands Esprits de ce siecle, n'étoient pas comme ceux du treiziéme, qui pour s'ouvrir & sortir des ténébres, avoient besoin de secours surnaturels, ou aumoins d'un fort long-tems, joint à l'application la plus constante. Les premieres années du jeune Maignan firent entrevoir par des marques assez singulieres, son goût futur pour les Sciences. Quand l'enfant pleuroit, il n'y avoit qu'à lui mettre un Livre entre les mains, & aussi-tôt les larmes tarissoient. A ces marques en succédérent d'autres moins équivoques. Dans sa plus tendre jeunesse, il eût beaucoup d'éloignement pour les amusemens ordinaires de cet âge. C'étoit un esprit sérieux, réfléchi, détaché de la bagatelle. Il quittoit, il fuyoit même la compagnie de ses compagnons d'étude, pour avoir plus de tems à donner à la méditation des choses solides; il craignoit que l'innocence de ses mœurs ne souffrit quelque altération dans le commerce du monde; enfin c'étoit déja un vrai Philosophe en racourci.

A

A peine connut-il les Livres, qu'il les aima passionnément. De la maniere dont il y alloit, il ne les lisoit pas simplement; il les dévoroit. Avec un génie des plus heureux, un goût étonnant pour l'étude, l'émulation la plus vive, Maignan pouvoit-il ne pas réüssir? Aussi fournit-il la carriere des basses Classes avec beaucoup de distinction & d'éclat.

Mais plus les succès de ses premieres études furent grands, plus fut-il sensible à une petite disgrace qui lui arriva en Rhétorique. Il s'agissoit d'un prix, & Maignan qui croyoit l'avoir mérité, ne l'eût point. C'étoit dans son idée l'injustice la plus criante, & en même-tems le plus grand malheur qui lui pouvoit arriver. Comment demeurer dans le monde, où la justice distributive regne si peu? Maignan ne pût s'y résoudre, & foulant aux pieds tous les avantages que lui offroit une naissance distingué, il se détermina à entrer dans l'Ordre des Minimes, dont il a été depuis un des principaux ornemens.

Les succès éclatans de ses premieres études, n'étoient qu'un prélude, qui en annonçoit encore de plus éclatans. Les Sciences de raisonnement & de génie étoient celles qui convenoient le plus à son esprit profond, & qui devoient le rendre célébre dans toute l'étenduë de la République des Lettres.

De son tems la Philosophie étoit dans un état de crise. Elle éprouvoit la plus grande révolution qu'elle ait jamais éprouvée, & les choses n'avoient pas encore pris une situation fixe. Il y avoit trois principaux partis, dont le moindre étoit celui de l'ancien

Prince, Aristote. Descartes l'avoit détrôné, & s'étoit rendu Maître de tout l'Empire de la Philosophie, à la réserve du peu qu'Aristote sauva de ses débris. Il faut excepter aussi une portion assez bornée, dont Gassendi s'étoit saisi de son côté, profitant habilement des circonstances favorables que lui presentoit un tems de trouble. Aristote, bien loin de trouver dans Maignan un Restaurateur de son Empire démembré, y trouva un nouvel ennemi qui le replongea dans ses malheurs encore plus avant. Il s'agissoit de Descartes & de Gassendi, qui avoient partagé entr'eux, quoique fort inégalement, presque tous les Etats du Prince détrôné, & qui travailloient chacun de son côté à étendre tant qu'ils pouvoient, les bornes des conquêtes déja faites. Il est rare qu'on demeure neutre dans ces sortes d'occasions, surtout quand on a dequoi faire pancher la balance. Cependant Maignan ne se déclara hautement pour aucun des deux partis en particulier. Il favorisoit tantôt Descartes, tantôt Gassendi, & assez souvent il ne favorisoit ni l'un ni l'autre, depeur qu'un esprit de Secte ne donnât quelque atteinte à sa liberté, dont il étoit fort jaloux : car il vouloit vivre indépendant, sans reconnoître d'autre joug, que celui de la raison. On vit donc bien souvent Gassendi, Descartes, Maignan, divisez entr'eux ; mais on remarquoit qu'ils s'accordoient tous trois à combattre Aristote, semblables en cela aux Hérétiques, qui quoi qu'opposez les uns aux autres, se réünissent tous contre l'Eglise : comparaison glorieuse à Aristote.

Maignan se joint aux deux autres Philosphes, pour rejetter les *formes substantielles* fondées sur la Doctrine d'Aristote. Ceux qui ne sçavent pas quel est le sentiment des Péripatéticiens là-dessus, seront peut-être bien-aises d'en trouver ici une explication succincte. Les Péripatéticiens prétendent que dans chaque corps, quel qu'il soit, il y a quelque chose qui le particularise essentiellement, ou ce qui revient au même, qui fait qu'il est tel corps précisément, & non aucun des autres corps. Jusques-là il n'y a rien qu'on ne leur doive passer; car tout le monde admet dans chaque corps une forme, qui est justement cette chose essentiellement particularisante, si l'on peut parler de la sorte. Mais ils ajoutent, & voici leur Dogme particulier, ils ajoutent que la forme de chaque corps est un Etre, une substance, & c'est ce qu'ils veulent marquer, quand ils disent que les formes sont substantielles. Ils prétendent qu'Aristote a pensé de même, quoiqu'il se soit expliqué d'une manière fort obscure là-dessus. Les Commentateurs du Philosophe Grec font signifier à sa fameuse *Entelechie*, tout ce qu'ils jugent à propos. Il a plû aux Scolastiques d'en faire les formes substantielles.

Cette Doctrine a été fortement combattuë dans le dernier siecle par les Philosophes modernes, & elle ne subsiste guéres plus, que parmi les Jésuites, qui y sont assujettis par des ordres supérieurs. Les Cartésiens lui ont substitué une autre bien plus plausible, faisant consister la forme de chaque corps dans la disposition & la figure propres aux parties de la matiere de ce corps: ce qui explique d'une maniere fort satisfaisante plusieurs points de la Physique particuliere.

Maignan s'accorde encore avec les Cartésiens à proscrire les *Accidens absolus*, que plusieurs Ecoles soutiennent aujourd'hui avec beaucoup de zele, parce que le Mystere adorable de l'Eucharistie semble le demander ainsi absolument. Ce Philosophe concilioit sa Doctrine sur les *Accidens absolus*, avec celle de l'Eglise sur le Sacrement de nos Autels, disant que le pain & le vin otez, Dieu continue de faire les mêmes impressions sensibles, qu'ils faisoient auparavant. Rohaut ne goûte point cette explication, & le principe qui la lui fait rejetter, c'est qu'il ne faut pas multiplier les miracles sans nécessité. Or, dit-il, Maignan fait intervenir deux miracles, où il n'en faut qu'un. Le premier des deux miracles, c'eſt la Tranſubſtanciation ; le ſecond, c'eſt la continuation des mêmes impreſſions ſenſibles du pain & du vin, après que ce pain & ce vin ne ſubſiſtent plus. Le miracle de la Tranſubſtanciation ſuffit, & voici comment. Pour expliquer les apparences du pain & du vin, il n'y a qu'à dire que le corps de Jeſus-Chriſt occupe tellement la place du pain & du vin, que les mêmes intervalles qui ſervoient de lieu au pain & au vin, ſont ceux où le corps de Jeſus-Chriſt ſe range, laiſſant à la matiere ſubtile qui rempliſſoit les pores du pain & du vin, les mêmes eſpaces qu'elle rempliſſoit auparavant. Rohaut n'a pas pris garde qu'en voulant remedier à un inconvénient, il tombât dans un autre incomparablement plus grand :

grand. Selon les Cartésiens, ce qui fait qu'un corps est tel plûtôt qu'un autre, par éxemple ce qui fait que du pain est du pain, & non autre chose, c'est la disposition & la figure de ses parties. Puis donc que le corps de Jesus-Christ a la même disposition & la même figure que les parties du pain & du vin, il a tout ce qu'il faut pour être du pain & du vin : erreur monstrueuse, très-éloignée assurément des intentions de Rohaut. Le Système de Maignan sur les *Accidens absolus*, a encore moins plû aux Minimes, qu'au Philosophe Cartésien, & il est défendu aux Professeurs de cet Ordre sous des peines rigoureuses, d'enseigner jamais cette Doctrine de leur Confrere, condamnée par un de leurs Chapitres.

Quoique Maignan ait combattu de concert avec Descartes les

Formes substantielles, & les *Accidens absolus*, la bonne intelligence n'a pas toujours subsisté entre ces deux Philosophes. C'est sur tout aux Tourbillons que le Minime en vouloit. Il en a fait la critique dans le cours de Philosophie qu'il a donné au Public, & voulant appuyer ses raisonnemens par des expériences, autant qu'il est possible dans les matieres de la Physique générale, il avoit imaginé une machine, dont les effets étoient absolument incompatibles avec le Systeme du Philosophe qu'il réfutoit. Il n'a pas voulu suivre dans la Physique les Principes de Descartes, & pour expliquer ce qu'il y a de plus difficile à expliquer dans la Nature, il leur a substitué les quatre Elémens, dont Empédocle a trouvé le premier l'idée.

Maignan ne conserva pas long-tems la qualité d'agresseur : il lui fallut à son tour se mettre sur la défensive. Il eût un adversaire redoutable, dans le P. La Louvere, Jésuite, qui l'attaqua sur la structure & la pesanteur des corps, sur l'accélération du mouvement, sur l'égalité des angles d'incidence & de réfléxion. Il avoit affaire à un habile Géometre, qui le serroit de près par des raisonnemens tournez en forme de démonstrations. Maignan se défendoit de son côté avec vigueur. Il prétendoit qu'il entroit du paralogisme dans ce que le P. La Louvere donnoit pour des démonstrations ; il ajoutoit que les matieres contestées n'étoient pas susceptibles de démonstrations Géométriques, puisque les suppositions sur lesquelles les démonstrations pouvoient porter, étoient des suppositions de Physique, mêlées d'incertitude. Il eût encore sur les bras M. Ducasse, qui combattit la maniere dont il avoit expliqué la résolution des Larmes de Hollande en poussiere, quand on en casse le petit bout. Le courageux Philosophe ne s'étonna de rien; il repoussa les attaques de ses adversaires, & se tira toujours avec honneur d'entre leurs mains.

Maignan joignoit à la Philosophie une profonde connoissance des Mathematiques, & si leur sublimité permettoit aux hommes de se familiariser avec elles autant qu'avec les autres Sciences, il seroit pour le moins aussi connu dans le monde, en qualité de Mathematicien, qu'en qualité de Philosophe. La maniere dont il a appris les Mathematiques n'a cessé de paroître merveilleuse, que parce qu'elle a été suivie d'un éxemple encore plus merveilleux dans le célébre Pascal, comme l'éloge de ce dernier nous l'apprendra. Mais quoique ce qui est le plus digne d'admiration doive attirer nôtre principale attention, il n'est pas juste que nous ayions les yeux fermez sur tout le reste. Maignan privé de tout secours de Maître, & guidé par son propre génie, se rendit fort habile dans la Géométrie, les Mécaniques, l'Astronomie, l'Optique.

Il étoit encore bien jeune, quand il se mit à étudier Euclide, & comme le rigide observateur de la pauvreté Religieuse n'avoit aucun instrument de Mathematique, il traçoit avec une croix les figures, pour fixer & soulager l'imagination dans les raisonnemens qu'il vouloit faire sur les lignes. Il avoit fait des progrès considérables dans la Géométrie, avant qu'on s'apperçût seulement qu'il s'y appliquoit, & son Professeur de Philosophie donnant un jour la solution d'une difficulté par une démonstration, qui pour être bien entendue demandoit une connoissance plus que médiocre des principes de la Géométrie, fût très-étonné de voir que le jeune Maignan avoit d'abord saisi la démonstration.

Ce génie extrêmement inventif a imaginé plusieurs machines très-ingenieuses, dont une des plus curieuses est celle qui représente le Ciel avec tous les cercles Astronomiques. On prétend que le fameux P. Kircher, ce Jésuite si habile dans les Mathematiques, voulut s'attribuer l'honneur de cette invention. Mais comment le croire bien fondé, à moins de supposer que les deux Mathematiciens se sont rencontrez dans leurs idées en même-tems, & avec le même succès ; ce qui peut être absolument, quoi qu'assez difficilement.

L'Ouvrage intitulé *Perspectiva horaria*, marque à quel point Maignan possédoit ce qui regarde l'Optique. Il faut que l'invention entre pour quelque chose dans ses Ouvrages. L'Auteur explique dans celui-ci des Telescopes de sa façon. Les régles que Descartes nous a données pour déterminer la mesure de la refraction dans les rayons qui se rompent, passant d'un milieu à un autre, sont sans contredit une des plus belles, des plus utiles, & des plus profondes découvertes que ce grand Philosophe ait jamais faites. Maignan arrive aux mêmes régles par une voye toute différente.

Cette connoissance si parfaite

des Mathematiques, n'a rien de surprenant dans Maignan, qui avoit tout enfemble un grand talent & une grande ardeur pour ces Sciences, avec une application continuelle. Il trouvoit que cette étude étoit la nourriture de l'efprit la plus folide & la plus fatisfaifante, par l'avantage ineftimable & particulier qu'elle a, de nous faire voir la vérité à découvert, vérité qui quoi qu'environnée d'épines, & même fi l'on veut, ftérile, eû égard à la pratique, a toujours par elle-même des attraits affez puiffans pour fe faire rechercher. Nôtre Mathematicien prenoit plaifir à rouler continuellement des penfées qui regardoient fa chere Science ; mais il y alloit avec trop d'ardeur. Son imagination échauffée par un excès d'application, lui retraçoit fouvent durant le fommeil, les idées qu'il venoit de quitter. Il y a plus, & on auroit de la peine à croire ce que je vais ajouter, si l'Histoire ne nous en apprenoit à peu près autant de quelques autres Sçavans excessivement attachez à l'étude; c'est qu'en dormant Maignan faisoit des découvertes de Géométrie très-réelles. Nous avons déja vû dans l'éloge d'Avicene, qu'il trouvoit durant le sommeil la solution éxacte de plusieurs difficultez. Les éxemples, quand il y en a plusieurs, se confirment mutuellement les uns les autres.

Le Mathematicien au commencement si dénué des instrumens nécessaires à sa Science, trouva avec le tems le moyen d'en faire bonne provision, & sa chambre devint dans la suite une curiosité à voir. Louis XIV. allant avec le Cardinal Mazarin aux frontieres du Royaume au-devant de l'Infante d'Espagne, son épouse future, passa à Toulouse, où étoit alors Maignan, & il voulut voir tout cet attirail d'instrumens Mathematiques, dont il avoit entendu parler, comme d'une chose des plus curieuses de la ville. Le Roi fut fort content de tout ce qu'il vit, & encore plus du Mathematicien qui le lui fit voir. Sa Majesté voulut l'attirer à Paris; mais l'humble Religieux tint bon dans une occasion si séduisante, & préféra l'obscurité de sa retraite à tout l'éclat qu'un grand Roi vouloit lui procurer.

Disons deux mots de l'habile Théologien. Sa réputation passa au-delà des Alpes, & l'attira dans la Capitale du Monde, où il a enseigné la Théologie avec beaucoup de réputation, durant plu-

années. Il envisagea cette Science sous une idée Philosophique, autant que les bornes de la Religion le permettent, & son Ouvrage intitulé, *Philosophia Entis sacri*, marqueroit assez par son seul titre la vérité de ce que je dis, quand je n'en aurois d'ailleurs les preuves les plus concluantes. Mais d'un sentiment différent de celui de saint Thomas, & généralement de celui des Scolastiques, qui suivoient Aristote dans les points que la Théologie emprunte de la Philosophie, il vouloit qu'on suivit plûtôt Platon, & M. l'Abbé Fleuri, l'illustre Auteur de l'Histoire Ecclesiastique, a donné depuis dans la même idée, qui a été aussi celle des premiers Peres de l'Eglise. Quelques Eveques ont censuré la Dissertation Théologique de Maignan sur l'usage licite de l'argent.

Voici l'idée générale qui doit résulter de tous les Oùvrages de Maignan. C'est un Auteur éxact, solide, pénétrant, inventif, profond, & il est tout cela dans un degré fort au-dessus du commun. Il n'y eût guéres de Philosophe moins accessible que celui-ci à la prévention, & à ce qu'on appelle esprit de parti. Il pesoit tout à la balance de la raison, sans rien donner à l'autorité la plus imposante pour les autres. Il ne se laisse ébranler ni par le grand nom de certains Auteurs, ni par le décri général où d'autres sont tombez. Il prend de ceux-ci aussi bien que de ceux-là tout ce qu'il trouve conforme à ses idées & il rejette tout le reste. Quoique fort contraire aux Scolastiques dans la Doctrine, il en conserve la méthode, qui lui a paru la plus propre pour le Dogmatique. Il approuvoit fort dans les Philosophes modernes le goût des expériences Physiques, & il s'y est fort attaché de son côté. On vante sa facilité merveilleuse à composer, & on ajoute qu'il ne sçavoit ce que c'étoit que rature.

Il n'y a guéres rien de particulier à remarquer sur les qualitez de son cœur. Sa passion dominante, a été l'amour des Sciences & de la vérité. Attentif aux devoirs du saint état où le Seigneur l'avoit appellé, il les a toujours remplis avec beaucoup d'édification. Il étoit infatigable dans le travail, & il falloit bien qu'il le fût pour se rendre aussi habile qu'il s'est rendu, pour composer tout ce que nous avons de lui, pour répondre aux Sçavans qui le consultoient de tous côtez, pour vaquer aux affaires de son Ordre, dont il a été chargé, soit en qualité de Provincial, soit autrement.

Emanuel Maignan nâquit à Touloufe l'an 1601, d'une nobleffe fort ancienne.

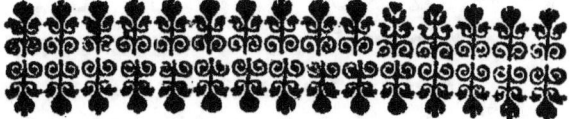

PASCAL.

TOut le monde a de Pascal la haute idée qu'il en faut avoir, & je ne dois me proposer ici que de la confirmer, découvrant les fondemens solides qu'elle a. Ce célébre Auteur, véritablement recommandable par un mérite extraordinaire, a été assez heureux pour le faire connoître dans toute son étenduë. Toutes les circonstances ont concouru à lui procurer ce bonheur, qui manque à tant de personnes, dont les grandes qualitez demeurent ensevelies dans les ténébres, faute de secours pour en sortir. Fils unique d'un pere infiniment attentif à son éducation, distingué par sa naissance, placé dans des postes importans, fameux par l'étendue des connoissances Mathematiques, Pascal pouvoit-il avoir quelques talens, qui ne fussent exposez au plus beau jour ? Mais au lieu de quelques talens, il en avoit plusieurs & plusieurs éminens, avec lesquels toute sorte de personnes eut pû se faire un grand nom. Enfin il les a employez ces talens contre un Corps illustre, dont la réputation devoit, par un contre-coup nécessaire, réjaillir sur celui qui l'a attaqué si vivement dans les points les plus essentiels. Tout cela joint ensemble devoit faire connoître Pascal par toute la terre, & les choses ont tourné comme elles devoient tourner naturellement. Dire que son mérite a été égal à sa réputation, c'est faire en peu

de

mots son éloge le plus complet.

Le génie de Pascal se déclara de bonne heure par les marques les plus surprenantes, qui annoncerent d'une maniere bien éclatante, quel homme ce devoit être un jour. Dès l'âge de dix ou douze ans, c'étoit un Esprit Philosophique, qui prenoit garde à tout, réfléchissoit sur tout, vouloit sçavoir raison de tout. Entend-il le son d'un plat frappé avec le couteau ? Il cherche en lui-même d'où peut venir cette impression aiguë, faite sur le sens de l'ouïe : il range ses idées dans l'ordre nécessaire, pour donner successivement à chacune toute l'attention dont il est capable : il les lie les unes avec les autres, les compare ensemble, en tire des conséquences : enfin le petit Traité des sons qu'il nous a donné, doit sa naissance aux réfléxions faites sur cette matiere dans un âge si tendre. Parle-t-on de Géométrie devant lui ? Il veut sçavoir ce que c'est, & le veut sçavoir absolument. Son pere qui ne vouloit pas d'abord contenter la curiosité de l'enfant, de peür de lui faire naître l'envie d'apprendre une Science, dont il réservoit l'étude à un âge plus mûr, vaincu enfin par les importunitez obstinées de ce fils trop curieux, lui déclara ce que c'étoit que la Géométrie, avec défense d'y plus songer. Le jeune Pascal conçut de l'amour pour la Géométrie, aussitôt qu'il apprit quelle en étoit la nature. Il trouva qu'une Science, qui dès principes les plus simples va aux connoissances les plus profondes par un progrès de raisonnemens toujours évidens, convenoit à la trempe de son esprit : il ne pût résister aux puissans attraits d'une étude si conforme à son goût : il désobéit à son pere : il songea à la Géométrie. Mais comment l'apprendre sans Maître & sans Livres ? Pascal plein de confiance, croit pouvoir se suffire à lui-même. Il se fait des principes tels qu'il peut : il conçoit une ligne sous l'idée d'une barre, & un cercle, sous celle d'un rond. Le reste étoit apparemment dans le même goût. Avec le secours des définitions de sa façon, il conduisit si bien ses idées & ses raisonnemens, qu'il étoit arrivé à la trente-deuxiéme proposition du premier Livre d'Euclide, quand son pere, qui ne sçavoit pas qu'il se formoit dans sa maison un Géometre contre sa défense, surprit sur le fait l'enfant désobéïssant. La chose étoit assurément fort singuliere, & méritoit d'être publiée : aussi se trouvat-elle en de trop bonnes mains, pour ne l'etre pas autant qu'elle le méritoit ; tout retentit de la merveille.

Il étoit juste de laisser une libre carriere au génie de Géometrie naissant : il ne manqua plus ni de Maître, ni de Livre. Avec de tels secours jusqu'où ne devoit-il pas aller, & jusqu'où n'alla-t-il pas en effet ? A l'âge de seize ans, il fut en état de donner au Public un Traité des Sections Coniques, prodige qui pour être trop grand, a eû de la peine à trouver créance dans les esprits. Descartes, qui avoit fait paroître lui-même un génie extraordinaire pour la Géométrie, n'étant encore que fort jeune, ne pût se mettre dans la tête que le Traité des Sections Coniques fût l'Ouvrage d'un Géometre de seize ans. L'illustre P. Daniel, dans son ingénieux Roman sur le grand Philosophe que je viens de citer, lui fait dire des choses, qui éxactement vraies, seroient concluantes contre Pascal. Mais à consulter les sources mêmes que ce Jésuite indique, c'est-à-dire les Lettres de Descartes au Pere Mersenne, on trouve les marques les moins équivoques de l'incrédulité de Descartes, & rien qui montre d'une maniere décisive, que l'Ouvrage attribué au jeune Pascal, n'est pas effectivement de lui.

Descartes, universellement reconnu pour être plus en état que personne de prononcer sur ces matieres, a entraîné bien des Sçavans dans son sentiment. Le nombre des incrédules est grand, & les raisons dont ils colorent leur incrédulité, sont, non seulement la disproportion d'un Ouvrage de cette nature à un tel âge, mais encore le foible extrême de M. Pascal le pere pour son fils, & l'affectation trop marquée de certaines gens, à répandre dans le monde tout ce qui pouvoit faire honneur au jeune Pascal. On sçait que ce tendre pere avoit continuellement les yeux sur son fils; qu'il voulut toujours être lui-mème son Précepteur; que pour mieux vaquer à son éducation, il se défit de la Charge de Président à la Cour des Aydes de son pays, & vint s'établir à Paris. On sçait encore que d'autres personnes, entrant dans les vûes de ce pere zelé, les secondoient parfaitement bien, & que Descartes pour avoir hazardé dans le Public son sentiment sur le Traité des Sections Coniques, s'attira des reproches du côté du Port-Royal. Tout cela ensemble va naturellement à faire croire que M. Pascal le pere, habile Géometre, avoit fort influé dans l'Ouvrage tant vanté, & que sa tendresse paternelle lui inspira la pensée d'en laisser à son cher fils tout l'honneur aux yeux du monde. M. Desargues, autre grand Géometre & ami de la maison, n'auroit-il pas rendu des services d'ami, par l'endroit qu'il sçavoit être le plus propre à les faire agréer ? Peut-être y a-t-il eû un peu de malignité & de jalousie naturelles dans de pareilles réfléxions.

Il s'en faut bien que tout le monde soit entré dans un détail si critique. La plûpart, déja prévenus en faveur du grand génie de Pascal, ont crû sans hésiter, qu'il étoit capable, tout jeune qu'il étoit, de produire ce que le Public lui attribuoit, & qu'il l'avoit produit effectivement. Ils apportent leurs raisons, qui sont bien pour le moins auſſi plauſibles, que celles de leurs adverſaires. Perſonne ne doute, diſent-ils, que le génie de Paſcal ne fût d'une trempe aſſez bonne, pour produire le Traité des Sections Coniques, qui n'eſt pas après tout le meilleur ſur cette matiere; car apparemment on ne voudra pas le préférer à celui du Pere de Saint Vincent, Jéſuite, ni à celui du célébre M. de la Hire. Il n'y a donc que l'âge ſi peu avancé, qui puiſſe faire de la peine, & former quelque doute raiſonnable là-deſſus. C'eſt à ſeize ans qu'on le fait Auteur de cet Ouvrage. Mais n'a-t'on pas vû, ajoûtent-ils, des génies prématurez, qui dans une jeuneſſe encore peu formée, ont paſſé pour des prodiges de ſcience? Témoin le fameux Pic de la Mirande, qui à vingt-quatre ans ſoûtint à Rome avec un applaudiſſement général,

général des Theses publiques, surtout ce qui se pouvoit sçavoir, *De omni scibili*. Il possédoit à cet âge toutes les Sciences, & toutes les Langues Sçavantes. Ce prodige est bien d'une autre espece, que celui de Pascal, & pourquoi ne voudra-t-on pas croire le dernier, voyant déja le premier reconnu dans le monde ? La chose est extraordinaire, il est vrai ; mais aussi elle part d'un génie extraordinaire, universellement reconnu pour tel. Veut-on donc assujettir les grands hommes aux régles communes ? Ainsi raisonnent les partisans de Pascal, qui persuaderoient leurs adversaires, si ces derniers n'étoient par avance déterminez à ne point se laisser persuader.

Je ne vois pas qu'on ait formé les mêmes difficultez sur le fameux Triangle Arithmétique, dont pourtant l'excellence, comparée à l'époque à laquelle on le rapporte, a quelque chose de fort surprenant. L'Auteur n'avoit que dix-neuf ans, quand il le donna au Public. Il est vrai qu'il y a toujours une différence de trois ans, & je conviens que c'est beaucoup. Mais aussi d'un autre côté, le Triangle Arithmetique est tout de l'invention de Pascal, au lieu que son Traité des Sections Coniques ne l'est pas. Il a fallu un esprit très-pénétrant, très-étendu, très-inventif, pour imaginer une disposition de nombres, propre à fournir les moyens de faire des supputations sans plume, ni jetton, & à découvrir des proprietez très-envelopées. Pascal en a découvert lui-même plusieurs importantes, surtout pour les combinaisons, & en a laissé plusieurs autres également importantes à découvrir. Aujourd'hui un de ses principaux usages, c'est d'abreger le calcul de la Régle de Compagnie à tems, réformée de nos jours, après avoir demeuré défectueuse durant tous les siecles précédens.

La Physique étoit trop estimée & trop cultivée du tems de Pascal, pour ne pas attirer l'attention d'un Esprit si curieux. Il envisagea son objet en homme de grand génie, c'est-à-dire du côté de l'invention. Le fameux Torricelli avoit eû une pensée qu'il ne s'avisa pas de porter assez loin, pour en tirer les avantages où elle conduisoit. Pascal, qui connoissoit d'abord le solide comme par instinct, goûta infiniment l'idée du Mathematicien Italien, & entrevit par avance le succès des expériences Physiques, qu'il alloit entreprendre pour s'assurer de la vérité. Il s'agissoit de sçavoir si l'air pesoit. Cette pesanteur une fois connue, devoit répandre une grande lumiere sur toute la Physique, & fournir l'explication véritable des effets de la Nature auparavant attribuez à l'horreur du vuide. Pour faire l'expérience qui seule devoit faire adopter ou rejetter la nouvelle idée, Pascal se servit d'un tuyau de verre à peu près semblable à celui d'un Barometre, machine si commune que j'ai sujet de supposer le Lecteur instruit de sa construction. Si la pesanteur soupçonnée de l'air étoit réelle, le vif argent contenu dans le tuyau, devoit manifestement se tenir d'autant plus haut, que l'endroit où l'on plaçoit le tuyau étoit bas, parce que dans les endroits bas la colomne de l'air étant plus longue, devoit conséquemment peser davantage, & par son plus grand poids forcer le vif argent qui la soûtient, à monter plus haut. Les premieres expériences se firent sur les montagnes d'Auvergne, & Pascal eût le plaisir de voir à l'œil, qu'à mesure qu'il gagnoit les hauteurs, le vif argent du tuyau baissoit. L'expérience diverses fois réiterée, toujours avec le même succès, ne permit plus de douter de la pesanteur de l'air. Pascal rendit compte de ses expériences au Public, & lui marqua les conséquences qu'il en falloit tirer, dans son excellent Traité de la pesanteur de la masse de l'air.

Nous avons encore du même Auteur un petit traité fort précieux sur l'équilibre des liqueurs. Ces deux petits Ouvrages ont ouvert le chemin à une multitude de découvertes, faites depuis sur les principes qu'ils contiennent :

l'Hydraulique en a tiré de grands secours : ils ont donné naissance à plusieurs machines également curieuses & utiles : enfin tout ce que le célébre M. Mariotte, de l'Academie Royale des Sciences, nous a donné sur la nature de l'air, sur la mesure de son poids, sur son ressort, sur le mouvement des eaux, a pour fondement les découvertes de Pascal, mais dévelopées, perfectionnées, portées plus loin. Que n'eût-on pas dû attendre de ce génie inventif & étendu, s'il eût continué ses recherches de Physique ? Ce qu'il a fait, nous répond de ce qu'il auroit fait. Mais dégouté de très-bonne heure des choses d'ici bas, il se tourna entierement du côté de la Religion, & c'est à l'étudier qu'il consacra le reste de ses jours.

Les Lettres Provinciales qui

ont fait tant de bruit dans le monde, font un des principaux fruits de cette étude. Elles font constamment regardées comme un chef-d'œuvre, & la vogue qu'elles ont eûe, passe toute imagination. Il s'en est fait plusieurs Traductions, & on les a mis dans un même Livre en quatre Langues différentes sur autant de colomnes. Le fameux M. Nicole, non content de les traduire en Latin sous le nom de Guillaume Wendrok, Théologien de Saltzbourg, y a ajouté quantité de notes de sa façon.

On peut dire de cet Ouvrage de Pascal, qu'à considérer la maniere dont il est écrit, faisant abstraction du fonds des matieres traitées, sa réputation quelque grande qu'elle soit, n'est pas au-dessus de son mérite réel. L'Auteur pare des traits les plus brillans & des graces les plus engageantes, les sujets Théologiques, qui jusqu'à son tems n'avoient paru que sous un dehors tout hérissé & entierement rebutant. C'est une plume legere & délicate, qui touche finement tout ce qu'elle touche. Elle répand sur chaque chose un certain enjoûment qui réjouit continuellement l'imagination du Lecteur, & tout ce qui en coule est assaisonné d'un sel Attique auparavant inconnu aux matieres Dogmatiques. L'expression est noble & naturelle ; les tours nouveaux & ingénieux ; le stile, coulant, ferme, soutenu ; les peintures, belles, vives, achevées. Il y a beaucoup d'ordre dans tout le cours de l'Ouvrage. Tout paroît couler de source, & marque une imagination belle & féconde, un esprit délié & profond, un Maître consommé dans l'Art.

Tout cela est avoué de tout le monde, & des Auteurs très-célébres n'ont pas fait difficulté de proposer les Lettres Provinciales comme un modele parfait de la maniere d'écrire.

Il s'en faut bien que le fonds de l'Ouvrage réünisse de même tous les suffrages en sa faveur. Il ne m'appartient point de prendre parti dans un démêlé si éclatant & si délicat. Je me contenterai de dire historiquement que l'autorité Ecclésiastique & Séculiere, ont concouru à condamner les Lettres Provinciales comme Libelle diffamatoire ; qu'après une longue suite d'années de silence de la part du Corps attaqué, l'illustre P. Daniel a répondu à l'Ouvrage de Pascal dans les entretiens de Cléandre & d'Eudoxe, avec cet air de néteté, de précision, & de solidité, qui caractérife tous ses Ouvrages; que le grand grief qu'on reproche à Pascal, c'est un défaut de fidelité dans les passages citez, & de droiture dans leur explication; qu'enfin depuis la réponse des Jésuites, il a paru une apologie de Lettres Provinciales, communément attribuée à Dom Petit-Didier, Bénédictin de la Congrégation de saint Vannes.

Le second Ouvrage dû à l'étude de la Religion, est un Ouvrage important, mais laissé imparfait, où Pascal combat les Athées & ceux qui rejettent la Religion Chrétienne. Ce qui en a paru après la mort de l'Auteur, est d'une solidité, d'une beauté, d'une sublimité, à nous faire toujours sentir combien nous avons perdu, en perdant celui qui avoit conçu un si grand projet, & qui avoit si bien commencé à l'éxécuter. Pascal fait bien valoir & met dans un très beau jour cette pensée d'Arnobe, que s'il y a un Dieu, nous perdons infiniment à croire qu'il n'y en a point, au lieu que s'il n'y en a point, nous ne perdons rien à croire qu'il y en a : d'où il faut conclure, que l'Athéïsme réfléchi, est la plus haute folie. Dans cet Ouvrage comme dans tous les autres, de ce Philosophe les raisonnemens sont clairs, éxacts, précis, concluans, & il me semble que, quand l'ingénieux & récent Auteur des mémoires Chronologiques & Critiques pour servir à l'Histoire Ecclesiastique, a dit de Pascal qu'il n'étoit pas bon Logicien, il l'a attaqué par l'endroit le plus fort, à prendre la proposition du Critique générale, comme il la donne.

Pascal si occupé d'idées de Religion, s'en seroit-il tenu à de simples spéculations, sans passer à la pratique? Quand on jette les yeux sur la vie qu'il mena depuis qu'il s'étoit retiré au Port-Royal, où Madame sa sœur la Religieuse l'avoit attiré, on y reconnoit, l'homme entiérement détaché des choses d'ici-bas, & tout occupé de celles d'enhaut. Madame Perier, son autre sœur, qui nous a donné la vie de son illustre frere, a eû soin de nous apprendre les maximes de spiritualité qu'il suivoit, les éxercices de piété qu'il pratiquoit, les rigueurs qu'il éxerçoit sur son corps.

Pascal avoit établi pour principe fondamental de sa conduite, qu'il falloit renoncer à tout plaisir & à toute superfluité. Les avantages séduisans que lui offroit sa naissance, n'ont jamais pû le relâcher le moins du monde sur ce point. Il condamnoit hautement les grands attachemens, & la raison qu'il en donnoit, c'est que nôtre cœur apartient tout entier à Dieu, qui le veut sans partage.

On pouvoit lui faire & lui dire tout ce qu'on vouloit, bien assuré qu'il n'en seroit rien dans la suite : il ne sçût jamais ce que c'étoit que ressentiment, que vengeance.

L'instrument ordinaire de ses macérations, étoit une ceinture de fer, garnie de pointes qu'il faisoit entrer bien avant dans la chair, quand elle osoit se révolter.

Les quatre dernieres années de sa vie, ses infirmitez l'ayant mis hors d'état de travailler, son occupation étoit d'aller visiter les Eglises.

Sa profonde humilité l'a fait donner dans une idée un peu singuliere. Il trouvoit qu'il y avoit de la vanité à se servir du terme *je*, & il lui substituoit cet autre plus modeste, *on*. La piété Chrétienne, disoit-il à ce sujet, anéantit le *moi* humain, & la civilité le supprime. Les *on*, sont depuis devenus familiers à son parti, & quelques Auteurs se sont servis de cette marque, pour connoître si certains Ouvrages anonymes venoient du Port-Royal. On vante fort le zele de Pascal pour le service du Roi, & ceux de son parti s'en sont toujours piquez.

Blaise Pascal nâquit à Clermont, Capitale d'Auvergne, l'an 1623, & mourut à Paris l'an 1662. Son pere fut Intendant à Rouen.

MALEBRANCHE.

Malebranche est un Philosophe des plus récens, & des plus illustres tout ensemble. Il est à croire que sa réputation ira toujours croissant, parce qu'elle est fondée sur un mérite très-réel, qui ne peut que se faire connoître de plus en plus avec le tems. En fait d'Auteurs, il faut être comme dans un lointain, pour en découvrir tout le prix : c'est-là le point de vûe d'où on les voit dans tout leur jour : tant que nous les regardons de si près, nous n'y appercevons guéres rien qui les distingue du commun.

Chaque esprit a d'ordinaire

son talent particulier ; le difficile, & néanmoins l'essentiel, c'est de le connoître. Malebranche, irrésolu sur le genre d'étude qu'il doit embrasser, consulte ses amis. Ils le conseillent tous selon leur propre goût. L'un fort versé dans l'Histoire Ecclésiastique, veut qu'il donne de ce côté-là : l'autre tout hérissé de Grec & d'Hébreu, tient pour l'étude des Langues Sçavantes : tous deux manquent le goût de Malebranche. Celui-ci plein de déférence pour les conseils de ses amis d'ailleurs fort éclairez (car c'étoient le P. le Cointe, & M. Simon, le premier Oratorien, le second Exoratorien, tous deux illustres par leurs Ouvrages) a beau travailler selon leurs vûës; tout son travail n'aboutit à rien. Sa tête est remplie d'un cahos d'idées, où il n'y a ni ordre ni liaison : sa mémoire

mémoire infidelle, ne conserve presque aucune trace de ce qu'il vient de lui confier : c'est toujours à recommencer. Ce peu de succès n'a rien qui nous doive surprendre. Les loix de la condition humaine nous ordonnent de consulter en tout nos talens, sous peine de ne jamais rien faire qui vaille.

Malebranche étoit né pour la profonde méditation ; c'étoit-là ce qui lui convenoit ; un heureux hazard le lui fit connoître à n'en pouvoir douter. Le Traité de l'Homme par Descartes lui tomba un jour entre les mains. Il en lit d'abord quelque chose par curiosité ; il le goûte à mesure qu'il avance ; bien-tôt ce n'est plus une lecture ordinaire ; il ne la peut continuer qu'avec un je ne sçai quel transport qui lui cause des battemens de cœur, comme si c'étoit l'effet de quelque vertu sympatique. Il n'en fallut pas davantage pour faire connoître à Malebranche, ce que la trempe de son esprit demandoit : le choix d'étude fut aussi-tôt déterminé. Ne doutons plus que Malebranche ne réüssisse ; il a pris le parti qui lui convenoit.

On court à pas de Géans, quand on est dans la voye où la nature nous appelle. Les progrès de Malebranche dans la Philosophie furent des plus rapides. Il ne tarda gueres à donner au Public le fameux Livre de la recherche de la vérité, où il nous fait connoître les erreurs qui naissent des sens, de l'imagination, des passions, & nous aprend la maniere de les éviter. La grande vogue de cet Ouvrage, n'est pas au-dessus de son mérite : le génie de l'Auteur y paroît dans tout son jour. C'est un aigle qui s'éleve aux plus sublimes régions de l'air, où les yeux du vulgaire ne le sçauroient suivre : il manie les matieres les plus abstraites, avec une aisance qui n'avoit pas eû encore d'éxemple : il leur donne des graces, dont on ne les croyoit pas même susceptibles, il ménage avec une habileté merveilleuse la foiblesse du Lecteur, faisant succéder aux endroits difficiles, d'autres plus faciles & agréables : l'ordre, la netteté, la précision des idées, la pureté & l'élégance de l'expression, la noblesse, la vivacité, la fermeté du stile, regnent dans tout le cours de l'Ouvrage : c'est partout une liaison, & pour ainsi dire, une continuité d'idées si grande, qu'il faut, ce semble, de deux choses l'une, ou que sa Doctrine soit une chaîne de véritez, ou un tissu d'erreurs : concluons, le fonds de sa Doctrine partage les sentimens des Sçavans; sa maniere d'écrire enleve tous les suffrages : on doute s'il a attrapé le vrai ; mais on ne doute point qu'il n'ait un esprit rélevé, subtil, étendu avec une belle imagination.

Le but de ce bel Ouvrage, est de nous faire voir, que dans nos jugemens nous sommes la dupe de l'imagination, des sens, des passions, bien plus souvent que nous ne le croyons ; & l'Auteur, après avoir découvert la source de nos erreurs, nous marque comment nous devons nous y prendre pour connoître la vérité. La grande idée qui regne dans le cours de ce Livre, & qui caractérise la Doctrine de Malebranche, c'est que toute action appartient immédiatement à Dieu, de maniere qu'à prendre à la rigueur les termes, il n'y a dans la Nature d'autre Agent que cet Etre suprême. Quelle part avons-nous donc dans ce que nous appellons nos actions ? La part que nous y avons, répond Malebranche, c'est que nous sommes les causes occasionnelles, qui déterminent l'action de Dieu. Quelque neuve que soit cette idée, l'Auteur la prouve par des raisonnemens, qui tournez à sa façon, c'est-à-dire, avec toute l'habileté d'un grand Maître, éblouïssent à une premiere lecture, sans persuader, parce qu'ils sont trop déliez pour être d'abord saisis, mais qui examinez ensuite dans le silence du cabinet, ébranlent fort le Lecteur, s'ils ne le persuadent pas même, parce que ce sont des idées si plausibles au commencement, & puis si bien enchaînées les unes avec les autres, que l'esprit ne voit guêres où l'erreur peut se glisser.

Dans la derniere édition du Livre de la Recherche de la Vérité, Malebranche nous a donné avec une théorie complette des loix du mouvement, son Systeme général de l'Univers, Systeme, qui selon son Auteur, répand une grande lumiere sur la Physique, & fournit l'explication de ce qu'il y a de plus difficile dans cette partie de la Philosophie; par éxemple l'explication de la dureté des corps, de leur ressort, de leur pesanteur, de la lumiere & de sa propagation momentanée, de ses réfléxions & refractions, de la génération du feu & des couleurs &c. Le nouveau Systeme est fondé sur l'idée des Tourbillons de Descartes, portée plus loin qu'elle ne l'est dans ce grand Philosophe, à qui il étoit échapé une infinité de Tourbillons, quoi qu'il en eût admis plus qu'il n'y a d'Etoiles : car il avoit donné un Tourbillon à chaque Etoile, & parmi les Planetes, il avoit gratifié le Soleil, du Tourbillon appellé par excellence le grand Tourbillon. Malebranche suppose que tout ce qu'il y a de matiere subtile dans chaque Tourbillon reconnu par Descartes, est distribué en une multitude innombrable de Tourbillons, chacun d'une petitesse, d'une vitesse, & d'une force centrifuge presque infinies. Tel est le fonds du Système, que l'Auteur applique à plusieurs points importans de Physique. Voici en deux mots, comment il explique la dureté & le ressort des corps ; cet échantillon suffira pour faire juger du reste. La dureté des corps vient de ce que, quand les parties grossieres, en repos les unes auprès des autres, se touchent immédiatement, elles font comprimées en tout fens, par les forces centrifuges des petits Tourbillons qui les environnent. Les corps n'ont de ressort, que quand ils sont pliez d'une maniere qui empêche les petits Tourbillons contenus dans leurs interstices, de s'y mouvoir comme auparavant, & le ressort vient alors, de ce que ces petits Tourbillons gênez, tendant par leurs forces centrifuges à recouvrer leur premier mouvement qui est leur mouvement naturel, tendent aussi par une suite nécessaire, à rétablir ce corps plié dans son premier état. Cet excellent Livre a été traduit en plusieurs Langues, & il contient la substance de son illustre Auteur.

La Philosophie doit être subordonnée à la Théologie, & il faut que tout Philosophe Chrétien,
qui

qui suit de nouvelles routes, sauve dans le plan de sa Doctrine, tout ce qui appartient à la Foi. Malebranche concilie sa Philosophie avec la Religion dans ses *Conversations Chrétiennes*. Cet Ouvrage, très-digne de l'Auteur *De la recherche de la vérité*, est un dialogue entre trois personnes, Théodore, Aristarque, & Eraste. C'est Malebranche même, qui est déguisé sous le nom de Théodore. Aristarque est un homme du monde, qui se croit Sçavant parce qu'il a beaucoup lû, mais qui au fonds ne sçait pas grand'chose, parce que ses idées sont mal digerées, superficielles, peu éxactes, & qui même n'a guéres de disposition à apprendre, parce qu'il se laisse emporter à une imagination impétueuse, qui ne lui permet point de donner à chaque chose toute l'attention nécessaire. Aussi quel rôle joue-t-il dans le dialogue? Entêté d'une Science imaginaire, il veut raisonner sur tout, & incapable de prendre rien avec précision, il donne continuellement à gauche. Il ne falloit pas un Maître moins habile que Théodore, pour attirer à son Système un Esprit aussi faux que celui-ci. Eraste est un jeune homme qui à la vérité ne sçait rien, mais qui veut s'instruire, & qui dans son ignorance même trouve l'avantage de n'être gâté par aucun préjugé. Par sa docilité & son attention il saisit ce qui échape à l'impétueux Aristarque, & le fruit du dialogue n'est pas pour le premier comme pour ce dernier, une simple conversion au Système Chrétien de Théodore; le jeune Interlocuteur accablé de lumiere, se jette dans un Monastere.

Les deux Conquêtes de Théodore n'ont rien qui doive surprendre. A quelles sublimes véritez ne conduit-il point, disons plûtôt, n'entraîne-t-il point par la force de ses raisonnemens ceux qu'il entreprend d'instruire. Il leur découvre ou leur fait découvrir par eux-mêmes, non seulement l'éxistence de Dieu (il n'y auroit-là rien que d'autres Philosophes n'ayent fait avant lui) mais encore la corruption de la nature humaine par le péché originel, la nécessité d'un Réparateur & celle de la Grace : ce qui étoit réservé à Malebranche. Jusqu'à lui on n'avoit pas crû qu'il fût possible de tirer de la Philosophie, la connoissance de ces véritez fondamentales de la Religion, & cet Auteur a encore également surpris les Esprits, quand dans son Traité de Morale, il a déduit de ses principes de Philosophie tous les devoirs du Christianisme. C'est assurément posséder à un haut point de perfection l'art d'enchaîner les matieres, qui paroissent avoir le moins de rapport entr'elles. A considérer maintenant l'Ouvrage des *Conversations Chrétiennes*, seulement comme dialogue, faisant abstraction du fonds de la Doctrine qu'il contient, tout le monde tombe d'accord, que les caractéres des Interlocuteurs s'y soutiennent parfaitement bien jusqu'au bout, & en général que l'Auteur a montré un goût exquis pour cette maniere d'écrire.

Malebranche nous a donné encore en forme de dialogue ses *Méditations Chrétiennes, & Métaphysiques*, fameuse par l'idée fondamentale & nouvelle, qui regne dans tout le cours de l'Ouvrage. L'Auteur intimement perſuadé que le Verbe eſt la raiſon univerſelle, & que tout ce que voyent les Eſprits créez, ils le voyent dans le Verbe, établit un Dialogue entre cette raiſon univerſelle & lui-même. Ce grand Maître découvre au Diſciple extrémement attentif à ſa voix, ce qu'il y a de plus relevé dans la Religion & dans la Métaphyſique. Le ſtile de l'Ouvrage a toute la nobleſſe qui convient à la gravité du ſujet, & tient le Lecteur dans le reſpect dû à l'Auguſte Interlocuteur qui inſtruit.

Le nouveau Philoſophe avoit attaqué avec trop de vigueur, les préjugez humains & ceux de l'Ecole, pour ne pas s'attirer bien-tôt des adverſaires. M. Régis, cet illuſtre Philoſophe Carteſien de nôtre tems, attaqua dans ſa Phyſique la maniere dont Malebranche expliquoit, pourquoi la Lune paroît plus grande à l'Horifon qu'au Méridien. Les deux Partis convinrent que la réfolution de leur différend fe réduifoit à fçavoir, fi la grandeur apparente d'un objet dépend uniquement de la grandeur de fon image tracée fur la retine, ou bien tout enfemble de la grandeur de cette image, & du jugement naturel que l'ame porte de l'éloignement de l'objet. M. Régis foutenoit le premier fentiment, & Malebranche le fecond, qui avoit été auffi celui de Defcartes. Malebranche ajoutoit, que quand l'image de la Lune à l'Horifon feroit augmentée par les réfractions, de-quoi il ne convenoit point, elle ne le feroit pas d'une maniere propre à expliquer ce Phénomene, & il appuyoit fes raifonnemens par des expériences. M. Régis ne fe rendoit ni aux raifonnemens, ni aux expériences, & il fallut tenter de terminer la dispute par la voye des arbitres. L'affaire fut portée à quatre des plus grands Géométres que l'Academie Royale des Sciences ait jamais eû, & ils prononcerent en faveur de Malebranche : jugement, qui quoique porté par un tribunal très compétant, ne trouva pas dans M. Régis toute la déférence qu'il méritoit. Les idées de ces deux Philosophes se heurterent encore, soit dans la Métaphysique, soit dans la Morale, & il fallut disputer sur la nature des idées, sur leur cause ou efficiente ou éxemplaire, sur cette proposition avancée par Malebranche, que *le plaisir nous rend heureux*. On peut dire que ces attaques, & en général toutes celles que ce grand Philosophe a eû à essuyer, n'ont servi qu'à rehausser l'éclat de sa gloire, parce qu'il les a toujours repoussées avec vigueur, & est même avec une modération & une politesse d'autant plus louables, que tous ses adversaires ne lui en donnoient pas certainement l'éxemple, comme on le va voir.

Malebranche eût affaire au célébre M. Arnaud, dont le naturel étoit aussi bouillant, que son génie étoit grand, & ses connoissances étendues. La maniere dont le premier expliquoit la Grace ne plaisoit pas au second, & le fameux P. Quesnel qui avoit les mêmes idées que ce dernier sur cette matiere, ménagea entre le Docteur de Sorbonne & son Confrere, quelques entrevûes où ils pussent se communiquer mutuellement tout le fonds de leur Systeme, avec les raisons dont chacun appuyoit le sien. La voye des conférences n'aboutissoit qu'à des disputes, qu'à des clameurs, qui épuisoient les deux Partis sans les accorder, & Malebranche crût qu'il falloit avoir recours à la plume. Il exposa ses idées sur la Grace dans le *Traité de la Nature & de la Grace*: c'étoit prendre le Public pour juge du différend, si M. Arnaud vouloit encore continuer la dispute. Celui-ci après un long silence, que de fâcheux incidens l'obligerent de garder, fit paroître de son côté son Ouvrage *Des vraies & des fausses idées*, où il attaquoit l'opinion de Malebranche, que *l'on voit toutes choses en Dieu*. Ce n'étoit là nullement dequoi il s'agissoit: c'étoit une fausse attaque. La réponse la suivit néanmoins de près. L'aggresseur rechargea, & il fut encore repoussé. On n'en demeura pas-là. Le combat fut opiniâtre, & certainement un peu trop vif du côté de M. Arnaud, qui emporté par son imagination fougueuse, en vint jusqu'à attribuer à son adversaire, certaines idées atroces. Malebranche à la vûe des excès de son accusateur, prend Dieu à témoin de ses intentions : elles étoient après tout connues aussi aux hommes, qui les sçavoient bien différentes de celles que son aggresseur lui reprochoit. Toutes les disputes entre ces deux célébres Auteurs, ont roulé sur l'origine des idées, sur la nature des plaisirs des sens, sur les loix générales dans l'ordre de la Nature & de la Grace: car à la fin M. Arnaud vient au point dont il étoit d'abord question, & il publia ses *Réfléxions Philosophiques & Théologiques sur le Traité de la Nature & de la Grace* : réfléxions qui ne demeurerent pas sans réponse. La grande réputation des deux athletes avoit attiré l'attention de toute l'Europe sçavante, & si elle n'a pas prononcé sur le succès du combat pour le fonds, du moins a-t-elle donné tout l'avantage à Malebranche, non seulement du côté de la modération dans la dispute, mais encore du côté de la justesse & de la précision d'esprit qu'il fit paroître dans ses Ouvrages. Malebranche ramassa tout son Système dans ses *Entretiens sur la Métaphysique & la Religion*, afin que les Sçavans entrassent mieux dans ses idées, réünies sous un même point de vûe. Il se plaignoit continuellement de n'être pas bien entendu, & parce que les idées de cet Auteur tenoient toutes les unes aux autres par l'enchaînement merveilleux de ses raisonnemens, une seule mal-prise, étoit une source féconde d'égaremens. La plainte tomboit principalement sur M. Arnaud, comme il paroît par le petit *Traité de la prévention*, & sur quelques nouveaux Mystiques qui s'appuyoient des principes de nôtre Philosophe mal entendus. Malebranche crût devoir faire connoître à tout le monde ses sentimens sur le point dont il s'agissoit, & il les publia dans le *Traité de l'amour de Dieu*, où il explique quel doit être cet amour, & comment il est toujours interessé. Voilà où se réduisent les disputes les plus éclatantes, qu'il a eû à soutenir. Naturellement pacifique, il ne s'y est engagé que quand il a été attaqué ou mal entendu ; mais zélé pour la vérité, & en état de la faire triompher plus que personne, il s'en est toujours tiré avec honneur.

Malebranche ne se repaissoit pas des applaudissemens du Public. Intimement persuadé de la vérité de sa Doctrine, il vouloit que les autres en fussent persuadez aussi. S'il n'a pas eû de ce côté-là toute la satisfaction qu'il attendoit peut-être, du moins n'en a-t-il pas été entierement privé. Il s'est trouvé des Disciples, persuadez de sa Doctrine, au point qu'il le pouvoit souhaiter. Témoin feu M. le Chevalier Renau, cet homme aussi distingué par son mérite personnel & par ses dignitez militaires, qu'obscur par sa naissance. Il avoit tellement saisi le Malebranchisme, qu'il n'y eût jamais moyen de l'en faire revenir. Des personnes du premier ordre pour l'érudition, ont voulu s'en mêler ; leurs efforts ont toujours échoué. Il fit paroître à sa mort de grands sentimens de Religion, mais dans le goût d'un parfait Malebranchiste. On ajoute même qu'il est mort en quelque façon Martyr de la haute idée qu'il avoit de Malebranche, ayant voulu absolument user d'un remede qu'il avoit appris, disoit-il, de ce grand Maître. Probablement Malebranche, quelque mérite qu'il ait, ne trouvera gueres de Disciples fidelles à ce point, à moins que ce ne soit peut-être en Angleterre, où l'on a tant de goût pour lui, & tant de vivacité dans les passions. Le suffrage d'une Nation si éclairée, & si capable de juger des Ouvrages, où il entre du génie, est un suffrage bien flatteur. Mais que dira-t-on de celui des Chinois ? Nous sçavons que la Doctrine de Malebranche a pénétré dans ce vaste Empire, quelque éloigné qu'il soit de l'Europe, & qu'elle y a fait de si grands progrés, que l'intelligence des Ouvrages de ce Philosophe, étoit devenuë comme nécessaire aux Missionnaires de ce pays. Cette raison jointe aux instantes sollicitations de l'Evêque de Rosalie, engagea Malebranche à composer un Ouvrage intitulé, *Entretien entre un Chrétien, & un Philosophe Chinois.*

Malebranche a vû ses Ouvrages reçûs du Public avec applaudissement, sa Doctrine répanduë jusques dans les pays les plus reculez, sa réputation montée à un tel point qu'elle attiroit à Paris des Princes étrangers curieux de le voir ; des Rois même lui ont rendu visite : voilà des traits bien éclatans. Mais la gloire est bizarre. Elle fuit ceux qui la cherchent, & cherche ceux qui la fuyent, ou ne s'en soucient guéres. Malebranche n'étoit pas sensible à tout ce brillant extérieur. Uniquement passionné pour la vérité, il ne prenoit plaisir qu'à ce qui pouvoit la lui découvrir. Il ne se lassoit de la chercher par une méditation continuelle, ordinairement les fenêtres de sa chambre fermées, peut être plus recueilli. Tout admirateur qu'il étoit de Descartes, il ne le suivoit qu'autant qu'il le trouvoit conforme à la raison : la vérité étoit l'unique objet de ses recherches : pouvoit-elle ne pas se rendre à des poursuites si obstinées?

L'amour de la vérité tient à celui de la Géométrie par des liens trop étroits, pour en pouvoir être séparé. Aussi Malebranche aimoit-il beaucoup cette Science, & il la possédoit dans un degré éminent. Quelques endroits de ses Ouvrages marquent qu'il étoit Géometre; mais il s'en s'en faut bien qu'ils marquent à quel point il l'étoit. L'Académie Royale des Sciences, qui connoissoit le Sujet, se hâta de l'aggreger dans son illustre Corps, où il a tenu depuis un rang si distingué. Malebranche pouvoit paroître aussi grand Géometre, qu'il a parû grand Philosophe : mais pour ne point partager les forces de l'esprit, il les avoit tournées toutes du côté de la Philosophie, dont il voulut faire son capital. Ne nous lassons point de remarquer cette alliance continuelle de la Philosophie, avec la Géométrie.

Toutes les Sciences où il entre du génie, étoient du ressort de Malebranche. Il n'avoit ni amour, ni disposition, ni estime, pour celles où il ne faut que du travail, de la mémoire, de l'imagination. Nous avons déja vû son peu de succès dans l'étude de l'Histoire, & des Langues. Ajoutons ici que la Poësie, qui a tant d'attraits pour les autres, n'en avoit aucun pour lui. A peine pouvoit-il souffrir sans dégoût la lecture de dix vers. A l'éxemple de son Héros Descartes, il suppléoit abondamment par une méditation profonde & continuelle, au secours des Livres qu'il lisoit fort sobrement.

L'esprit philosophique avoit tellement pris le dessus dans Malebranche, qu'il paroissoit répandu dans toute sa conduite. Il n'y avoit rien de plus simple, de plus uni, de plus naturel que ses manieres; ses discours rouloient presque toujours sur la Philosophie : mais il en parloit si bien, & d'une maniere si éloignée du faste ordinaire aux Sçavans, que sa conversation étoit fort recherchée par un grand nombre de personnes de mérite. Durant la maladie dont il est mort, il prenoit plaisir à philosopher sur la construction mécanique de son corps, qui dépérissoit à vûe d'œil. Enfin tout tenoit en lui du Philosophe, & il mérita ce titre par toutes sortes d'endroits.

Nicolas Malebranche nâquit à Paris en 1638. Il étoit le dernier de dix enfans de Nicolas Malebranche, Secretaire du Roi. Il avoit une compléxion fort délicate, & son grand remede étoit de se bien laver l'intérieur du corps, buvant beaucoup d'eau. La Congrégation de l'Oratoire n'a eû guéres de Sujets, qui lui ayent fait autant d'honneur que celui-ci. Il est mort à Paris en 1715.

LEIBNITZ.

E fameux Allemand est de ces grands génies, qu'on ne voit gueres paroître qu'après l'intervalle de plusieurs siecles. On diroit que la Nature a besoin de tout ce long tems pour les former, ou bien qu'en nous les donnant, elle fait des efforts, qui ne sçauroient être fréquens, par la raison même que ce sont des efforts. Quelque haute idée que ce préambule nous puisse faire concevoir du génie de Leibnitz, elle n'ira jamais au-delà des bornes de la réalité. La mémoire de ce grand homme est encore fraîche parmi les Sçavans : ils souscriront volontiers à tout ce

que je pourrai dire de plus avantageux des rares qualitez de son esprit, & peut-être même trouveront-ils, que bien loin d'en dire trop, je n'en dis pas seulement assez. De quelque maniere que je m'y prenne, je me condamne bien par avance, à demeurer fort au-dessous de mon sujet.

Leibnitz presente tant de faces différentes, & toutes si lumineuses, qu'on ne sçait par où l'entamer. Prenons-le par-là-même, & disons que c'étoit un Esprit universel, qui a embrassé, Langues sçavantes, Poësie, Eloquence, Histoire, Politique, Critique, Jurisprudence, Philosophie, Mathematique, Théologie. Il avoit reçû de la Nature tout ce qu'il falloit pour réüssir en tout cela; grande faveur très rarement accordée, à ceux même qui sont les mieux partagez du côté de l'esprit. Nous voyons que les plus beaux génies sont d'ordinaire bornez à des talens particuliers, & l'on est même assez communément persuadé, que ceux qui ont une égale disposition naturelle pour plusieurs choses, n'en ont pour aucune, dans un degré au-dessus du commun, parce que, quand les bonnes qualitez de l'esprit, au lieu de concourir à un même objet, se rapportent à plusieurs, elles s'affoiblissent par leur partage. Leibnitz a été une illustre exception de la régle générale. La pluralité de ses talens n'a donné aucune atteinte à leur perfection. En faut-il d'autres preuves que ses succès éclatans dans toutes les Sciences ? Non seulement il en a pénétré les profondeurs; mais j'ajoute que parmi toutes celles qu'il a cultivées, il n'y en a aucune qu'il n'ait enrichi de ses découvertes. Bornons-nous ici aux Sciences qui ont le plus de rapport avec le Philosophe ; car comment suivre Leibnitz partout ?

Le premier Ouvrage philosophique qu'il ait donné au Public, sont des Commentaires sur le Livre *De veris principiis, & verâ ratione Philosophandi contrà pseudo Philosophes*, composé par Nizolius, Philosophe Italien. Jamais on ne vit un tel Commentateur. Il releve sans cesse l'Original, lui découvrant de la maniere la plus sensible, la fausseté de plusieurs de ses principes, les mauvaises conséquences qu'il tire de ceux même qui sont vrais, les Paralogismes qui entrent dans ses raisonnemens, les contradictions fréquentes où il tombe, le mauvais sens qu'il donne aux Auteurs citez. Cette critique continuelle n'est pas l'effet d'une humeur contredisante. S'il y a du bon dans le Texte, le Commentateur le fait bien valoir. Il donne un grand jour à ce qui n'étoit dévolopé qu'à demi ; il fortifie de nouvelles preuves, ce qui ne l'étoit pas assez ; il raproche plusieurs endroits détachez qui avoient du rapport entr'eux, & il en fait sentir la mutuelle dépendance. Par malheur le mauvais prédominoit dans Nizolius. Le charitable Commentateur le justifie par la bonté de l'intention & le mauvais goût du tems. En général l'Ouvrage est d'une nature à fraper par sa singularité. Le Commentateur y attire toute l'attention ; l'Original disparoît, ou s'il se montre quelquefois, ce n'est gueres que pour être corrigé, réformé, perfectionné. Leibnitz tout jeune qu'il étoit alors

alors (il n'avoit que vingt-quatre ans) fit paroître une force d'esprit qu'aucune difficulté n'étoit capable d'arrêter, une fécondité merveilleuse à trouver des raisons pour appuyer tout ce qu'il avançoit, une érudition déja consommée ; car une profonde connoissance de tout ce qui regarde les Philosophes tant les nouveaux que les anciens, éclate dans tout le cours de l'Ouvrage.

Un tel Commentateur ne pouvoit gueres tarder à paroître comme Auteur dans la République des Lettres. Les Sçavans l'attendoient en cette qualité, & ils n'eurent pas long-tems à l'attendre. Dès l'année suivante, c'est-à-dire à l'âge de vingt-cinq ans, circonstance remarquable, il donna au Public deux petits Traitez de Physique, inestimables par la multitude, la beauté, & l'importance des découvertes qu'ils contiennent. Ils parurent, l'un sous le titre de *Theoria motûs abstracti*. l'autre sous celui-ci, *Theoria motûs concreti* : Le premier renferme tout ce qui regarde le mouvement en général, & le second est une application du premier aux cas particuliers. Il faut avoüer que l'Auteur le prend sur le haut ton. Les véritez ont beau se cacher sous divers replis, elles ne sçauroient échaper à sa pénétration : quelques déliées quelles soient, si elles donnent tant soit peu de prise à l'esprit, sa subtilité se fait jour, & à la faveur de la lumiere la plus foible dans les commencemens, elle les saisit toutes : ce vaste génie embrassant son objet dans toute son universalité, nous découvre les principes les plus généraux de la Physique, sur lesquels on pourra desormais bâtir solidement. La route qu'il nous faut tenir est tracée, nous n'avons qu'à la suivre fidellement, & persuadons-nous que nous ne sçaurions nous égarer sous la conduite d'un guide si éclairé.

Leibnitz n'étoit pas de ces Sçavans entêtez, qui ne veulent jamais revenir de leurs premieres idées. Quand il publia les deux précieux Traitez dont nous venons de parler, & que nous pouvons regarder comme une Physique générale complete, à les prendre tous les deux ensemble, il admettoit le vuide qu'il a proscrit depuis. Mais voici un autre changement encore plus considérable, qui lui a attiré une rude guerre de la part des Cartésiens. Selon le jeune Philosophe la matiere n'étoit qu'une simple étenduë, absolument indifférente au mouvement & au repos. Cette indifférence lui parut insuffisante dans la suite. Il voulut faire revivre l'*Entelechie* d'Aristote, si fameuse par son obscurité & par les divers usages qu'on en a fait. On sçait que les Philosophes Scolastiques l'ont érigée en leurs *formes substantielles*. Leibnitz revenu de son premier sentiment, croyoit que l'essence de la matiere éxige une certaine force, qu'il faisoit consister dans une tendance naturelle au mouvement, & dans une résistance au mouvement imprimé d'ailleurs, & c'étoit-là, selon lui, ce qu'Aristote avoit voulu marquer par son *Entelechie*. Les Cartésiens révoltez par une idée tout-à-fait contraire à celle de leur Chef, ne tarderent pas à éclater. Leibnitz eût bien-tôt sur les bras les illustres Messieurs l'Abbé Catelan, & Papin, tous deux si connus par l'excellence de leur esprit & l'étenduë de leurs connoissances. Le Philosophe Allemand repoussa avec vigueur les attaques de ses adversaires : ceux-ci revinrent à la charge. Le combat quoique vif & assez long, se termina comme se terminent ordinairement les combats litteraires, c'est-à-dire qu'après bien des disputes, la chose demeura indécise, & que chaque parti persista dans son sentiment. Celui de Leibnitz ne paroît pas avoir fait autrement du progrès, & à juger par l'état présent des choses, l'*Entelechie* court grand risque de rentrer dans ses premiers ténébres, probablement pour n'en sortir jamais plus, si avec le secours d'un Protecteur tel que Leibnitz, elle ne peut pas encore soutenir le jour.

Ce n'est pas seulement sur l'essence de la matiere que ce grand homme a été contraire à Descartes. Il s'en est éloigné dans plusieurs autres points importans, où l'on croit néanmoins communément que Descartes a le mieux réussi, & en général on peut dire qu'il n'avoit pas du Philosophe François, la haute idée qu'en ont la plûpart des Sçavans. Dans une Lettre ajoutée à son Nizolius sous ce titre *De Aristotele Recentioribus reconciliabili*, il ne craint point d'avancer qu'il trouve Aristote aussi bon que Descartes. A la vérité il ajoutoit cette clause, qu'il entendoit parler d'Aristote tel qu'il est dans le Texte Grec : car il le croyoit tout défiguré & entiérement méconnoissable dans ses Interpretes & ses Commentateurs.

On avoit toujours regardé comme une idée très-belle & très-

ingenieuse, ce que Descartes a
pensé au sujet de cette infinité de
manieres différentes dont les
corps se choquent, & se com-
muniquent le mouvement. Sa
pensée est que, malgré tous les différens chocs des corps & la di-
stribution inégale de mouvement
entr'eux, il y avoit pourtant une
certaine loi fixe & constante qui
regne dans l'étendue de tous les
cas possibles. Selon Descartes,
cette loi inaltérable & universelle, c'est que la quantité du
mouvement est toujours le produit de la masse du mobile par sa
vitesse, c'est-à-dire que cette
quantité se trouve toujours en
multipliant par les degrez de la
vitesse, le nombre qui marque
combien le mobile a de masse ou
de volume. Leibnitz rejette le
sentiment de Descartes. Il fait
tomber la loi invariable sur la

Mm iiij

force du mobile, laquelle eſt toujours, dit-il, le produit de la maſſe par la hauteur, à laquelle cette force peut faire arriver le mobile. Il prétendoit que dans le ſentiment de Deſcartes, le mouvement perpétuel ſeroit poſſible artificiellement, & qu'un effet pourroit être plus grand que ſa cauſe : ce qui eſt inſoutenable en bonne Philoſophie.

Avant Deſcartes on croyoit, que l'action de l'ame ſur le corps, & celle du corps ſur l'ame, étoit une action Phyſique. Quels applaudiſſemens n'a-t-il pas reçû, pour nous avoir appris qu'ils n'agiſſoient l'un ſur l'autre que par la médiation de Dieu, médiation qui étoit déterminée par nôtre volonté ! Leibnitz n'a pas goûté cette Doctrine, ni l'ancienne non plus. Il a imaginé une nouvelle maniere d'expliquer la correſpondance qui se trouve entre le corps & l'ame : il l'attribue à une *harmonie préétablie* ; developons sa pensée. Dieu connoît les desirs de chaque ame, il en connoît le nombre & l'objet, il en connoît l'ordre Chronologique, je veux dire en quel tems précis chaque desir se formera, & si celui-ci sera antérieur à celui-là. Le corps est une machine, & dès-là il doit avoir quelques mouvemens. Dieu connoît le nombre de tous les mouvemens que doit avoir chaque corps, il en connoît tous les différens genres, il en connoît l'ordre Chronologique. Parmi les desirs de chaque ame, il y en a qui ont du rapport avec le corps, en ce sens que leur éxécution demande des mouvemens du corps : tel est par éxemple le desir de la promenade, lequel ne peut avoir son effet, sans qu'un pied aille devant l'autre. Tout ceci préfupposé, Leibnitz prétend que Dieu a mis dans chaque corps humain, une ame dont les defirs qui ont befoin du miniftere méchanique, conviennent jufte avec les mouvemens de ce corps : je m'explique par un éxemple. Dieu a vû que telle ame a tel inftant voudra aller quelque part : il l'unira à un corps, qui au même inftant, par fa difpofition méchanique, devra mettre un pied devant l'autre, vers le côté & autant de fois qu'il faudra pour arriver où l'ame veut aller. Si à un premier defir encore non éxécuté entiérement, furvient un fecond defir qui ne s'accorde point avec le premier, Dieu qui a vû toutes ces interruptions futures, y a eû égard, & a choifi pour cette ame un corps, dont les mouvemens fuffent conformes à tous les defirs de cette ame, quels qu'ils soient, & quelque variation qui puisse y survenir. Ce que j'ai dit du desir de l'ame pour aller en quelque endroit, se doit appliquer aux autres desirs qui demandent le ministere du corps, & voilà l'idée de Leibnitz expliquée. Elle est neuve & ingénieuse ; l'Auteur lui-même en étoit bien content,& c'est le préjugé le plus avantageux en sa faveur. Avec tout cela, jusqu'à present elle n'a pas fait grand tort à celle de Descartes, qui est toujours la plus suivie. Ne diroit-on pas que toutes les fois que Leibnitz a voulu secouër le joug de Descartes, le Public l'a voulu punir de son peu de soumission au Prince dominant de la Philosophie ?

Il y a quelques autres de ses idées Philosophiques, avec lesquelles l'esprit a de la peine à se familiariser. Telle est par éxemple celle de ses *Monades* ; c'est ainsi qu'il appelle des substances simples, qui selon lui, se trouvent partout, & dont chacune reçoit de tout l'Univers des impressions différentes, selon sa situation particuliere à l'égard de tout le reste. Ce sont comme autant de miroirs, sur lesquels l'Univers rayonne, d'une maniere toujours conforme à leur aspect. Delà une infinité de perceptions : plus elles sont distinctes, plus la Monade à laquelle elles appartiennent, est parfaite. Les ames humaines sont des miroirs, qui reçoivent non seulement l'image de tout ce qui est créé, mais encore celle du Créateur. Tout cela paroît bien Métaphysique, & fort gratuitement supposé. Nôtre Philosophe s'en servoit pour expliquer les perceptions.

Rien n'a fait plus d'honneur à Leibnitz & ne contribuera plus à son immortalité, que l'invention des *Infiniment petits*. C'est la découverte peut-être la plus sublime qui ait été jamais faite, & elle donne de son Auteur l'idée d'un des plus grands génies qui ayent encore paru. Avec quels yeux d'admiration ne l'a t-on point regardée dans la République des Lettres ? Ce n'étoit pas un homme comme les autres : c'étoit une Intelligence, à qui il étoit donné de penser autrement qu'aux hommes. Jusqu'à ces derniers tems, Descartes passoit pour l'aigle de la Géométrie : mais il faut avouër que le Géometre Allemand s'est élevé au-dessus du Géometre François, autant que celui-ci s'étoit élevé au-dessus de tous ceux qui l'avoient précédé. La plûpart sçavent que les *Infiniment petits* ont excité une dispute de Nation à Nation. Les Anglois en attribuent l'invention au célébre M. Newton, leur Oracle. Le torrent des Sçavans des autres Nations reconnoît Leibnitz pour leur premier Auteur. Il y a eû de longues & vives disputes là-dessus, & le Roi d'Angleterre croyant la chose assez intéressante pour mériter son attention, a bien voulu qu'on l'instruisît éxactement de tout ce qui s'écriroit de part & d'autre. N'entrons ici en aucune discussion sur ce point : elle n'aboutiroit à rien, puisque toutes celles qui ont été faites jusqu'ici, n'ont pû terminer le procès litteraire. Dans l'impossibilité de démêler l'Auteur véritable, les deux Contendans ont joüi en commun de l'honneur de l'invention. Peut-être qu'ils y ont part tous les deux, & que leur rencontre mutuelle a fait tort à leur gloire particuliere. Ce qu'il y a de certain, c'est que leur grand mérite a été si bien connu aux Sçavans, qu'ils les ont crû l'un & l'autre capable d'une telle découverte.

Que sont donc ces *Infiniment petits* dont on dit tous les jours tant de merveilles, & dont presque personne n'a aucune idée distincte ? Quel en est l'objet ? Quelle en est l'utilité ? C'est ce que le Lecteur a raison de demander ici, & c'est aussi ce que je vais tâcher de lui expliquer. Les *Infiniment petits* sont une nouvelle méthode de Géométrie, ainsi appellée parce qu'elle considere dans les lignes, des parties infiniment petites, ou ce qui revient au même, des parties plus petites qu'aucune grandeur déterminée. Cette maniere de considérer les lignes, fait connoître avec le secours de la Géométrie ordinaire, plusieurs rapports entre elles, & les rapports connus donnent prise à l'Algébre, qui acheve ensuite de nous découvrir ce qui reste encore à sçavoir. La méthode est d'une étenduë immense. Elle embrasse toute sorte de lignes courbes, & nous découvre éxactement, ou d'une maniere indéfiniment approchante de l'éxactitude précise, ce qui revient au même pour la pratique, & nous découvre, dis-je, leurs proprietez les plus cachées, leur longueur, la surface qu'elles renferment, la masse ou la solidité des corps qu'elles envelopent ; en un mot tout ce que nous pouvons desirer d'en connoître ; de sorte quelle épuiseroit la Géométrie, si par sa nature elle n'étoit inépuisable.

Mais à quoi bon toutes ces connoissances

noissances elles mêmes ? autre demande à laquelle il faut encore satisfaire. Je conviens que tant qu'elles demeurent, pour ainsi dire, dans le monde intellectuel, ce ne sont que des véritez spéculatives, toujours pourtant curieuses par leur sublimité, & très-dignes de nos recherches par cette sagacité & ce pli du vrai qu'elles donnent à l'esprit. Leur utilité sensible ne se dévelope, que par l'application qu'on en fait à la pratique des beaux Arts. Toutes les belles découvertes de ces derniers tems sur le mouvement, doivent leur origine aux *Infiniment petits*, comme il paroît par les Ouvrages de Leibnitz même, de MM. le Marquis de l'Hôpital, Varignon, les deux Bernoullis, Newton, & on ne peut disconvenir que ce qui regarde le mouvement, ne soit infiniment intéressant pour la Mécanique, la Manœuvre des vaisseaux, le jet des bombes &c. Avec le secours des *Infiniment petits*, on a trouvé la résolution de plusieurs Problemes Physico-Mathematiques, très-utiles dans la pratique. Par éxemple on a déterminé la figure que doit avoir la prouë d'un vaisseau, pour fendre l'eau avec le moins de résistance qu'il est possible. La beauté & l'utilité de la découverte, ne souffrent certainement aucun doute.

Quelques-uns ont révoqué en doute sa certitude, & les ont même fortement attaquez de ce côté-là.

Feu MM. l'Abbé Galois & Rolle tiennent un rang distingué parmi les adversaires les plus obstinez des *Infiniment petits*. L'Académie Royale des Sciences, dont ils étoient Membres tous les deux, a été le théâtre des disputes également longues, vives, & utiles sur ce point. Il se peut que la démonstration des *Infiniment petits* appellée *à priori* en terme d'Ecole, ne porte pas à l'esprit la lumiere de l'évidence, au point que la Géométrie le demande. Mais leur démonstration *à posteriori* est la plus complette, puisqu'appliquez aux mêmes sujets que les méthodes ordinaires, universellement reconnues pour éxactes, ils donnent toujours les mêmes résolutions que ces méthodes ordinaires, & il n'en faut pas davantage pour mettre à couvert leur certitude.

Au reste cette fameuse découverte a été conduite à sa naissance comme par degrez. Descartes y a contribué par la réduction des lignes courbes en équation, & par sa belle méthode des indéterminées ; l'illustre M. Fermat,

Conseiller au Parlement de Toulouse, par sa Méthode *De maximis & minimis*; le Pere Grégoire de saint Vincent, ce Jésuite si habile en Géométrie & si peu heureux en réputation, par son grand & bel Ouvrage des Sections Coniques. Il s'agissoit de ramasser & de mettre sous un même point de vûë, ce qui étoit épars çà & là; de découvrir ce qui résultoit du concours de toutes ces connoissances ; de mettre dans tout leur jour, des idées seulement dévelopées à demi ; d'en pousser plus loin d'autres encore imparfaites. C'est ce qu'a fait Leibnitz, & c'est-là pour lui une source de gloire éternelle.

Je passerois les bornes que je dois me prescrire ici, si je voulois suivre mon Héros dans toutes les Sciences, avec le même détail où je suis entré, au regard de la Philosophie & des *Infiniment petits*. Ce sera bien assez de marquer en général le caractere d'esprit qui regne dans ses autres Ouvrages.

Quand j'y jette les yeux, j'y reconnois un esprit droit qui va au point essentiel par le chemin le plus court, une force de génie qui pénétre & épuise tout ce qu'il y a dans le sujet, une habileté extrême à démêler & à mettre dans un grand jour ce qu'il y a de plus embrouillé. C'est une abondance de pensées, qui se succédant les unes aux autres, sans laisser aucun vuide entr'elles, rend ses discours si pleins, si nourris, si nerveux. Son caractere inventif le fait aller toujours au-delà de ses prédécesseurs. Une lecture immense des Auteurs, marque avec quel soin il avoit cultivé ses grands talens. On est charmé d'un certain air d'aisance particulier à tout ce qui coule de sa plume. Son stile toujours noble, ferme, triomphant, annonce partout un Auteur maître de sa matiere. Ses vûes, toujours étendues au-delà des bornes ordinaires, saisissent ce qu'il y a de plus général dans chaque objet &c. Qu'on lise ses Ouvrages mêmes, & l'on conviendra qu'il n'y a rien d'outré dans tout ce que je viens de dire.

Voici en deux mots le précis du caractére de son cœur : il avoit beaucoup de zele pour ce qui regarde le bien général dans cette vie, & beaucoup d'indifférence pour ce qui regarde l'autre monde.

Il a fait toujours paroître par les marques les moins équivoques, combien il étoit attentif & sensible à l'utilité publique. Il voyoit bien qu'un homme de Lettres comme lui, ne pouvoit gueres la procurer que par ses connoissances, & c'est probablement ce qui lui a fait embrasser toutes les Sciences qui peuvent intéresser le Public à un certain point. La Politique tient entr'elles un rang distingué : aussi Leibnitz s'y attacha-t-il avec application & avec grand succès. Sa Politique ne consistoit pas seulement à sçavoir certaines maximes générales de gouvernement, répandues dans les Livres écrits sur cette matiere. Il entendoit fort bien les interêts présens de toutes les Puissances de l'Europe, & les Princes qui l'ont admis dans leur Conseil, ont reconnu qu'un homme d'étude peut tenir sa place avec distinction dans les délibérations Politiques. On sçait que Leibnitz osa bien proposer ses idées à des Dictes assemblées pour l'élection d'un Roi, & que les avis d'un homme si éclairé s'attirerent l'attention qu'ils méritoient.

Les Sciences ont plusieurs parties qui ne sont pas toutes également utiles. Celles qui le sont le plus, étoient l'objet de l'application particuliere de Leibnitz, toujours en vûë du bien Public. Dans la Philosophie, c'est la Physique qui l'occupe principalement, parce que par-là il ouvre le chemin à une infinité de découvertes utiles à la société civile. Dans les Mathematiques, il donne la préférence à la Géométrie, parce que cette Science contient les principes de toutes les autres parties des Mathematiques, & qu'en perfectionnant celle-là, il fournit des moyens pour perfectionner toutes celles-ci. En grand génie, il se proposoit

soit des vûës générales. Il n'a pourtant pas dédaigné d'en venir lui-même à la pratique de ses principes, & quelquefois à la pratique la plus détaillée. Il s'étoit attaché à soulager les Ouvriers dans leurs travaux par le secours de machines également utiles & ingénieuses dont il avoit conçû l'idée. Les *Infiniment petits*, que le commun des Sçavans même croit ne pouvoir conduire à rien de pratique, il les a appliquez à résoudre plusieurs Problemes très-utiles, & non content de les y appliquer lui-meme, il a voulu que d'autres travaillassent de concert avec lui suivant les mêmes vûes. Quand il avoit trouvé la résolution de quelque difficulté intéressante, il proposoit la difficulté aux Géometres de l'Europe, leur cachant sa résolution, afin de leur laisser le plaisir & la gloire de la trouver, &

par cet ingénieux stratageme, quelle émulation n'a-t-il pas répandu parmi les Sçavans? Je parle ici des Sçavans du premier Ordre, qui dans toute la République des Lettres n'alloient guéres au-delà d'une demi-douzaine. De ce petit nombre étoient en France MM. le Marquis de l'Hopital, & Varignon, en Angleterre MM. Newton & Fatio, en Hollande MM. les deux Bernoullis, freres. Leibnitz les a fait travailler, peut-être plus qu'ils ne l'eussent voulu d'eux-mêmes, & a fait servir leurs travaux avec les siens à l'utilité publique.

Elle lui a fait entretenir toute sa vie un commerce de Lettres prodigieux, avec tout ce qu'il y avoit de plus sçavant dans l'Europe, & il étoit d'une éxactitude infinie à répondre à toutes celles qu'on lui écrivoit, de quelque part qu'elles vinssent, pourvû qu'elles regardassent les Sciences. Il encourageoit les uns en leur applanissant toutes les difficultez capables de les arrêter, les autres en leur prêtant ses propres découvertes, ou en fermant les yeux, s'ils les donnoient eux-mêmes au Public sous leur nom. Quand on lui representoit qu'il se laissoit dérober son bien sans crier au voleur, il répondoit que les Sciences & le Public y trouvoient toujours également leur compte, & que ç'en étoit assez pour lui.

Jamais on ne vit un zele plus ardent pour la gloire & la propagation des Sciences. Que de mouvemens ne s'est-il pas donné pour établir de nouvelles Academies partout où il a pû; Il y a quelquefois réüssi, d'autrefois il a échoué. L'Academie des Sciences établie à Berlin, Capitale de Brandebourg, lui doit sa naissance, ses réglemens, ses premiers progrès. Celle de Moscovie lui a les mêmes obligations. Il en vouloit faire établir une à Vienne par l'Empereur, & une autre à Dresde en Saxe, par le Roi de Pologne. Ses vûes étoient goûtées; de fâcheux incidens survenus en ont empêché l'éxécution.

Ce qu'il nous a laissé d'Ouvrages, quelque loin qu'ils aillent, est fort au-dessous de ses projets. Il vouloit nous donner une Métaphysique générale, & selon toutes les apparences, aussi excellente que sa Physique. On en voit quelques morceaux répandus çà & là dans ses Ecrits, & le Lecteur est rebuté de la peine qu'il lui faut prendre pour les réünir. Un reproche que la postérité pourra toujours faire à Leibnitz, c'est de n'avoir pas assez travaillé à lui donner des Ouvrages complets. Les parties détachées qu'elle en trouvera, lui feront regretter le reste. Les grands principes de Leibnitz, étoient que rien n'éxiste & ne se fait sans une raison suffisante, que les changemens n'arrivent que par degré, que les Loix de convenance sont toujours mêlées avec les Loix nécessaires. Le fond de sa Métaphysique projettée se fut mieux dévelopé, si les disputes qu'il eût avec le fameux M. Clarke, sur l'espace, le tems, le vuide & les atomes, le naturel & le surnaturel, la liberté &c. n'eussent pas été terminées par une mort prématurée. Outre le projet d'une nouvelle Métaphysique, il avoit encore formé celui d'un grand Ouvrage sur l'infini, celui d'une nouvelle Dynamique ou Science des forces, celui d'une langue Philosophique & universelle, qui eût soulagé considérablement la mémoire, l'imagination, & l'esprit à peu près, comme les caracteres de l'Algébre les soulagent.

Personne n'étoit plus en état que Leibnitz d'éxécuter de si vastes desseins. Il n'y a gueres de Livres tant soit peu intéressans, à qui il n'ait fait la grace de le lire d'un bout à l'autre, & il retenoit avec une éxactitude admirable ce qu'il avoit lû, jusques-là que les dernieres années de sa vie il récitoit de suite & fidellement plusieurs vers de Virgile appris dans sa jeunesse. Sa santé étoit robuste, mais robuste à tenir bon durant des mois entiers, contre le travail le plus pénible, sans quitter même le siege d'étude. Son esprit étoit tel que je l'ai dépeint, c'est-à-dire, éxact, pénétrant, vaste, inventif, universel, ajoutons-le ici, facile & fécond. Ce trait va le prouver. Dans sa jeunesse, il a fait jusqu'à trois cens vers en un jour., vers au reste si pleins de force, de pensées, d'érudition Poëtique, que les meilleurs Poëtes ne les auroient pas désavouez. Qu'est-ce que le concours de tant de talens extraordinaires, secondez d'un travail continuel, ne pouvoit pas produire, si Leibnitz avec une vie plus longue, avoit eû la maxime de n'abandonner ni même interrompre un projet, qu'il ne l'eût conduit à la fin ?

Le zele de Leibnitz pour l'utilité publique, embrassoit généralement tout ce qui la pouvoit regarder. Les mœurs mêmes qu'il ne vouloit gêner que le moins qu'il étoit possible, devenoient l'objet de son attention, dès qu'elles intéressoient la société civile. La maniere dont on explique l'origine du mal, peut influer beaucoup dans nôtre conduite.

Leibnitz vit avec douleur qu'il se répandoit dans le monde certaines opinions dangereuses sur un point si essentiel, & il crût en devoir arréter le progrès, autant qu'il dépendoit de lui. C'est ce qui occasionna sa Théodicée, ce bel Ouvrage si admiré parmi les Sçavans. Elle roule toute sur ce principe fort simple, & plein d'un grand sens. Il y a une infinité de mondes possibles : Dieu les voit tous, & il sçait à quel degré vont le bien & le mal que renferme chacun des mondes possibles. Celui qui, toute comparaison & toute compensation faite, ou, ce qui revient au même, celui qui, à tout prendre, renferme le plus de bien, a été choisi préférablement à tous les autres, pour passer du premier état de possibilité à l'état nouveau d'éxistence. C'est donc le plus grand bien reconnu, qui a déterminé le choix du monde préfent, & le mal qui s'y trouve mêlé, eft moindre qu'il ne le feroit dans un autre monde, toujours par comparaifon au bien de chaque monde. Telle eft l'origine du mal, qui fuivant le principe fur lequel elle eft fondée, n'eft ni voulu de Dieu ni introduit par lui, mais feulement permis. Quelque ingénieufe que foit l'idée de Leibnitz, il femble qu'elle ne coupe pas racine aux objections. Car enfin dans tous ces mondes poffibles, le mal eft toujours fuppofé mêlé avec le bien, & l'on ne voit gueres pourquoi il l'eft. N'y a-t-il donc pas de monde poffible, d'où tout mal foit banni, & l'idée d'une bonté infinie, fecondée d'une puiffance infinie auffi, ne va-t-elle pas à nous faire conclure, qu'il ne fçauroit fortir des mains de Dieu qu'un tel monde ? Mais n'entrons point dans ces abîmes où l'esprit de l'homme se perd. Le zele de Leibnitz est toujours très-louable : c'est dommage que l'esprit de Religion n'y ait pas eu plus de part.

Quand on jette les yeux sur la conduite de Leibnitz, on y remarque toujours le parfaitement honnête homme selon le monde, c'est-à-dire le bon ami, le bon citoyen, l'homme qui ne veut faire tort à personne, qui trouve même du plaisir à en faire aux autres ; en un mot, l'homme, tel que la societé civile temporellement consideréé, pourroit souhaiter. J'en dis trop. La societé civile, considerée de telle maniere qu'on voudra, ne s'accommode point de l'indifférence pour la Religion, dont le culte est si propre de lui-même à faire regner parmi les hommes l'union, la subordination, la juſtice, la charité, & certainement Leibnitz a porté trop loin cette indifférence. Ceux qui par les poſtes où ils étoient placez, avoient quelque inſpection ſur ſa conduite, lui ont fait ſouvent des reproches là-deſſus; mais toujours inutilement. Il n'en a été ni plus ni moins dans la ſuite. Nôtre Philoſophe s'eſt attaché toute ſa vie à obſerver le droit naturel, à la vérité avec beaucoup de rigueur, & voilà tout. Egalement ſenſible aux interêts de toute ſorte de Religions, il vouloit qu'il y eût pleine liberté de ſuivre celle qu'on jugeroit à propos.

Il ſemble que Leibnitz ait démenti dans une occaſion ſa maxime ſur la tolérance de Religion. Son rare mérite étoit parfaitement bien connu à Paris.

Leibnitz y avoit été plusieurs fois, & comme sa grande réputation le précédoit partout, de bons Connoisseurs ayant éxaminé de près le Sujet, trouverent que ce que la voix publique en disoit de merveilleux, ne passoit pas les bornes de l'éxacte vérité. On vit que c'étoit une bonne conquête à faire pour la Capitale, & on entreprit d'y fixer ce grand homme, lui faisant les propositions les plus avantageuses, avec cette clause, qu'il se feroit Catholique. Leibnitz, tout indolent Protestant qu'il étoit, ne voulut pas cesser de l'être, & le projet échoua par-là. Il est pourtant à croire qu'il avoit eû d'autres raisons pour rejetter les offres qui lui furent faites, & que s'il fît intervenir le motif de la Religion, ce fût parce qu'il vit que de toutes les défaites, c'étoit la plus honnête & la plus plausible.

Il sçût se parer utilement du manteau de la Religion Catholique, dans une occasion tout-à-fait critique. Il voyageoit par eau sur un vaisseau Catholique, & une furieuse tempête, mit une fois tout l'équipage à deux doigts de sa perte. Les Catholiques attribuerent la cause du danger à la présence du Lutherien qui étoit avec eux, & crurent qu'en le jettant dans la mer, ils appaiseroient la colere du Seigneur. Leibnitz comprit qu'il avoit à craindre de plus d'un côté, & qu'il se formoit contre lui un second orage plus effrayant que le premier. La vûe du double danger, ne le déconcerta point. Il se mit à rouler avec de grandes démonstrations de dévotion, un Chapelet dont heureusement il avoit eû soin de se prémunir, avant que de s'embarquer. Les gens du vaisseau voyant cette marque de Catholicité, conclurent qu'ils s'étoient trompez, & abandonnerent leur dessein. Leibnitz en fut quitte pour une legere peur. Heureux, si après un tel service reçû de cet éxercice de la Religion Catholique, il eût ouvert les yeux à la vérité !

Mais son indolence, & si l'on peut parler de la sorte, son apathie pour toute sorte de Religion, l'a suivi jusqu'au tombeau. Si l'on est jamais accessible à quelque sentiment de piété, c'est sans doute, quand on se voit proche de la mort, sans aucune esperance morale de retour. Les passions se taisent alors, & la raison, s'il en reste encore quelque lueur, éxerce dans ces derniers momens ses droits les plus souverains. Quelles pensées croit-on que rouloit Leibnitz mourant ? Il raisonnoit fur la maniere dont le célebre Furtenbach avoit changé en or la moitié d'un clou de fer, & les dernieres paroles qu'on a recueilli de nôtre Philofophe, fe rapportoient à cette matiere, c'eft-à-dire qu'il eft mort, comme il a vêcu, toujours infenfible à tout ce qui regarde la Religion : c'eft ici la grande tache de Leibnitz. On lui pafferoit tout le refte à la faveur d'un fi grand nombre d'excellentes qualitez, d'autant plus facilement que ce qu'on peut lui reprocher d'ailleurs, fe réduit à très peu de chofe. Il étoit d'un naturel gai, très-vif & un peu prompt. Mais le caractere réel de bonté, d'indulgence, de générofité, de popularité, prenoit bientôt le deffus, & corrigeoit, pour ainfi dire, magnifiquement, ce qui pouvoit avoir échapé à un premier mouvement.

On reproche à Leibnitz de n'avoir pas eû tout-à-fait ce détachement des biens temporels, qui convient tant aux Philosophes, & qui les caractérisent en quelque sorte parmi les hommes. Il thésaurisoit sur la fin de ses jours, & on lui trouva à sa mort le revenu de deux années; ce qui alloit loin : car plusieurs des principales Puissances de l'Europe lui faisoient de fortes pensions. La vûe de ce grand tas d'argent, pour avoir été trop agréable, fut mortelle à la mere de celui qui devoit recueillir une si riche succession. Eût-on crû qu'on pouvoit mourir de joye, aussi bien que de chagrin ? Leibnitz tout riche qu'il étoit, auroit pû l'être encore beaucoup davantage, avec un peu d'attention à ses interêts, & c'est une preuve que son attachement pour l'argent n'alloit pas après tout si loin. Quoiqu'il n'eût aucun ordinaire réglé, il dépensoit beaucoup dans son domestique par sa négligence, qui lui faisoit tout laisser à l'abandon.

Godefroi Guillaume Leibnitz nâquit à Leipsic en Saxe l'an 1646. Son pere étoit Greffier de l'Université de cette ville, & Professeur de Morale. Cet illustre Sçavant mourut en 1716 à Hanowe dans le tems que le Roi d'Angleterre y étoit, & la Cour invitée à l'enterrement, ne jugea pas à propos d'y assister. Leibnitz avoit une place au Conseil de l'Empereur, & une autre à celui de l'Electeur d'Hanovre.

DISQUIRITUR UTRUM
præstet in omnibus scientiis esse mediocriter versatum, quàm in aliquâ versatissimum.

Quod argumentum eodem stilo tractandum sibi proponit Autor, quo scripta sunt Epistolæ Horatianæ.

N varias trahitur veri mens nes-
　　　　　[cia partes.]
Sunt, animis quorum sedet hæc
　　　　　[sententia, credunt]
Esse satis primis Artes gustare
　　　　　[labellis,]
Non ultrà penetrare juvat, mysteria parcunt
Volvere, contenti cognoscere nomina rerum,
Et quid verba sonent. Leviter perstringere gau-
　[dent]
Res ipsas, vel ubi rerum primordia tangunt,
Ad nova mox flectunt animos; sic omnia cursim
De libant, hominis quæ non sunt invia menti.
　Ast abeunt alii studia in contraria: mentem
Tam variis implere negant, electaque præbent
Ingeniis alimenta suis. Ex omnibus unam

Scire student Artem, cujus penetrare recessus
Non piget obscuros, alio convertere mentem
Vix possunt, studium semper revocantur ad unū.
 Sic diversa suis sententia gaudet amicis.
Hic negat, alter ait; jus, quod tamen obtinet unus,
Se penes esse putant ambo, argumentaque neutri
Desunt quæ faveant; hic aberret an ille, quis ausit
Dicere; jus dubium nihil, aut incerta ministrat.
 Quæ tamen in medium soleant utrinque re-
  [ferri,]
Hic aperire juvat: de jure videbitis ipsi;
Nam mihi patroni communis vindico partes,
Judicis ut vobis jus omnibus omne relinquam.
 Qui solet ingenium cunctis aspergere rebus,
Judicibus causam multis vicisse videtur.
Inciderit sermo de quolibet, ille periti
Sustinet egregius partes; cum laude licebit
Dicere, quæ menti de re sententia surgat.
Si quis forte, licet rerum sit nescius, ausit
Quærere doctrinæ per mille pericula famam,
Dicat & insulsus quæ sint aliena, suique
Dissimilis, secum quæ non sint consona fundat,
Hunc facilè noster poterit dignoscere sucum,
Diriget errantem, fallax iter omne revolvet,
Rectæ cæca viæ tandem vestigia reddet.
 Hæc præstare potest non alta scientia rerum;
Non communis enim tractat mysteria sermo;
Indulgens animis agitare facillima gaudet.
 Hoc bona multa fluunt ex fonte. Scientia rerum
Cùm levis affulsit nobis, plerumque putamus
Mira latere; latens licet illa scientia, nostram
Sæpe regit mentem; quod nunquam vidimus, ipsi
Fingere gaudemus; nobis perspecta probamus
Tantùm, miramur nobis incognita; cunctis
Nonnihil ex rebus qui curat discere, nomen

P p ij

Hinc sibi grande facit. Nihil is nescire videtur
Pluribus, ingeniumq; capax, & ad omnia natum,
Quod labor excoluit constans, affingitur illi.
 Si quid apud vulgus contenditur, ille rogatur
Dicere consilium: pars annuit utraque dicto:
Dissentire nefas: oracula fundere semper.
Hunc divina putes: tanti sunt ponderis, omnes
Mittere quas novit voces. Accedit ad illas
Hoc aliud, mentem voces quòd scilicet illæ
In cujusque cadant: leviter non verba periti
Communem superant captum, perceptaq; nomen
Sæpius Autori dant non ignobile, famâ
Qui mox doctrinæ post se plerosque relinquit.
 Aura regit linguam popularis; sæpe quod audit
Pars ingens hominum loquitur: sic natus ab uno
Spargitur in vulgus rumor, qui crescit eundo,
Omnia qui tandem loca sensim publicus implet:
Pluribus interdum nomen sic nobile surgit.
Sed sibi fama viri, mediocriter omnibus esto
Artibus imbuti, diversum vindicat ortum:
Quidquid ait, capitur; doctrinæ quilibet aptus
Testis adest judexque simul; quod prædicat, illud
Quisque videre potest; laudes mens docta mini-
 [strat.]
Posse juvat cunctos, aliorum attingere mentem,
Ac aliis aperire suam; præstabit utrumque,
Quem, penes est saltem vulgaris notio rerum.
 Si sibi scire cupit, tacitoque revolvere secum
Res animo, diversa potest apponere menti
Pabula, quæ variata, sui fastidia pellunt.
Tædia sæpe tenent animos, quæ mittere pauci
Possunt. Qui saltem mediocriter omnia novit,
Multa loquens secum tacitus, variasque perito
Res animo versans solus, grave fallere tempus
Aut hilarare potest. Sic non inglorius annos

Ille trahet, paucique suos sic ducere possunt.
Solus non is erit solus; non otia ducens
Torpebit; secum gerit exercere vacantem
Quo mentem valeat; semper comitatur euntem
Notio vulgaris rerum quas auribus haurit,
Forteve quas animo liber objicit. Ille beatæ
Nescius est sortis, qui semper inhæret eidem.
Hunc variâ sermo de re cùm forte movetur,
Quisque videt tacitum pressoveluti ore, nec ipsum
Hiscere posse quidem: quæ sunt vulgaria nescit.
Noverit alta licet, non illa scientia lucet.
Quâ lucere queat vel abest occasio, præsens
Vel nocet hæc Docto, qui tam sublimia fundit,
Ut mentis fugiant aciem; fluit inde superbi
Indoctique simul nomen, qui turpiter audax
Non tractare timet quæ nescit; opinio stabit,
Pluribus hæc animis, sed non immota manebit.
   Hæc habet unde queat mox damna repende-
   [re: mecum.]
Quæ faveant illi, tacitus dùm mente voluto,
Muneris oblitus patroni, munus ademptum
Judicis arripio fermè, mutatus ab ipso.
   Hanc primùm famam sibi posse parare videtur,
Alterius famam quæ longè vincat, & omnem
Extinguat, veluti stellarum debile lumen
Vincit & extinguit lux fulgentissima Solis.
Fama solet, fateor, lentissima surgere: terræ
Viscera quod condunt aurum, non enitet ultrò,
Nec solet alta statim prodire scientia, densis,
In tenebris quandoque jacet, pretiumq; jacentis.
Tempora longa docent, tenebrarum. Noscere
   [paucis]
Alta datur: vires abstrusa scientia rerum
Vulgaris superat mentis: vix alta videntur.
   Ne pigeat durare tamen, qui vilior alga

Esse videtur, erit te judice magnus, & alter
Vix dabitur similis, mox ipse fateberis ultro
Errorem; mox summa feres ad sidera spretum.
   Quod latet in lucem veniet velut ordine.
       [Quidam]
Doctior attendit doctrinæ verba loquentem,
Et nonnulla capit; vincunt altissima mentis
Vires, vixque videt veluti per nubila sensum;
Advenit auxilio doctissima turba; latentem
Sæpius explorat doctrinam; denique densis
Eruit ex tenebris; incredulus inspicit aurum;
Quisque recens fossum; sincerum quisq; fatetur.
   Protinus ecce virum volitans pennata per Or-
       [bem]
Fama canit; tenebras lux excipit; omnia nomen
Jam loca conspicuum replet; est in honore peritis
Et simul indoctis; altissima quæque tribunal
Ejus adire solent; mox obscurissima solvit;
Fulget ubique viri miranda scientia; docti
Laudibus hanc celebrant; indocti commoda soli
Degustant taciti; tantæ cognoscere famæ
Quisque virum certat; (non noscere turpe pu-
       [taret)]
Ambit amicitiam; plausus & in omnibus ambit;
Quos qui forte refert, sibi puncta tulisse videtur
Omnia; tanta viri sequitur reverentia mentem.
   Finibus arcetur nullis hæc gloria. Vivum
Fida comes sequitur, sequitur post funera:
       [scriptis]
In ventura potest excurrere sæcula nomen:
Doctrinæ monumenta suæ quicumque relinquit,
Semper adest absens, semper post funera vivit:
Non illo moriente, simul moriuntur honores:
Gloria defuncti vires acquirit eundo:
Non patet invidiæ jaculis: quin ipsa vetustas,

Omnibus adjungit rebus grave pondus honoris.
Hæc privata, licet sit maxima gloria, magni
Non facienda foret, si non accederet illi
Utile, Mortales quod se diffundat ad omnes.
Hic prodesse potest cunctis, qui devovet uni
Se studio, pariterque potest prodesse futuris
Temporibus, solam quam exercet, perficit artem.
   Ingenii vires metam qui intendit ad unam,
Altius invadit; longus quos sustinet usus,
Perspicit errores; dubias res discutit; affert
Obscuris lucem; studet indagare latentes,
Lynceus ille videt reliquis absondita; summum
Sic movet ad culmen, quam sedulus excolit arte.
   Hoc utinam præstent alii! Bona quanta redirent
Ad genus humanum? Mox quæque scientia,
    [quarum]
Nulla, parum nostræ confert ad commoda vitæ,
Quàm perfecta foret? Sed habet nos cuncta
    [sciendi]
Immoderatus amor: nostri non noscimus arctos
Ingenii fines: nos omnia posse putamus
Scire: tamen nos scire nihil plerumque proba-
    [mus,]
Cunctaque nos fugiunt, comprendere cuncta
    [volentes.]
   Qui sapit, ingenii tenues expendere vires
Non mittit, quod onus valeant, quod ferre
    [recusent]
Attendit, pondus notis ut viribus æquet.
Par oneri, partes magnâ cum laude tuetur:
Insuper, ut quondam dicebat nobilis Autor,
Quod bene fertur onus, leve sit: sic nomine major
Vivit & utilior, relevatâ parte laboris.
   Ingenium rebus qui cunctis imbuit, illis
Non gaudere bonis consuevit. Fama quiescit

Exiguos intrà fines conclusa, nec ultrà
Vulgus progreditur rude: vix allabitur aures
Debilis absentes: docto vix noscitur ulli:
Qualiscumque, fugit tandem cum lumine vitæ:
Vir nomenque viri tumulo conduntur eodem:
Quæ miseranda licet, sors non injusta videtur.
Cur non à solo qui limine cuncta salutat,
Ulterius tendit? Causæ laus justa latenti
Nulla subesse potest. Quò mens excurrere possit
Non videt, aut saltem, leviter sic dùm omnia
   [carpit,]
Ingenii famam sectatur ad omnia nati.
Si prius, arguitur mens robore nuda: secundum,
Pectora vana probat: spinæ sic undique pungunt.
  Ad commune bonum vulgaris notio rerum
Nil prodest: quandoque nocet, leviterque perito
Conciliat famam doctrinæ: nomine captum
Vulgus, consilium supplex rogat: ille roganti
Non dare consilium dubitat temerarius: infert
Sæpe datum, dantique probrum, damnumque
   [roganti.]
Ex cunctis igitur quicquam qui libat, & unum
Discere qui sat habet, quanto discrimine distant?
Omnes qui leviter tantùm res attigit, aptos
Sermones miscere potest de quolibet; illi
Nomen apud vulgus non hinc vulgare resurgit:
Verborumque patet cuivis sententia; mentem
Pascendo variis tacitus, fastidia vitæ
Juncta levare potest; hæc omnia judice quovis
Ad gratum revocare licet. Qui sedulus unum
Hausit, apud cunctos ingenti nomine gaudet,
Quod tumuli superat fines; doctrinaque confert
Ad commune bonum; sic utile miscet honesto.
  Si placeat conferre viros, prior esse videtur
Rivulus, in varias qui se se dissecat undas.
                           Prima

Proxima jucundo loca murmure rivulus implet,
Debile quod nunquam distantes percutit aures,
Famaque non ultrà murmur diffunditur: undas
Rivulus ignotas volvens inglorius, altis
In tenebris fordet, vicino cognitus uni:
Cuique patet fundus, tum clarâ proditus undâ
Tum tenui; ad parvos tantùm fluit utilis usus,
Nec fluit assiduus; Solis calor ebibit undas,
Sæpeque pro rivo, rivi locus extat inanis.
 Omnes ingenii nervos qui dirigit unum
Ad studium, cujus latebras subit, esse videtur
Flumen, adunatis tumidum quod profluit undis.
Si quis aquas exploret, aquas mox prædicat altas:
Explorator adest alter, nec prædicat alter
Altera: sic amnis toti fit cognitus orbi.
Nomine præclarus, fluit utilis insuper amnis:
Sustinet immani cymbas sub mole gementes,
Omnibus ad vitam non commoda parva vehentes:
Hæc ad rem facilè præsentem quislibet aptat.
Palmæ justus amor parti quid utrique ministret
Jam retuli paucis; incumbunt cætera vobis.

DE ORBIS STRUCTURA.

UNDIQUE nos cingunt miracula: debitus
 (illis)
Contemplator abest: oculis nisi semper adessent
Conspicienda, stupor forsan nos justus haberet.
Omnia visa diù, sordent: assuescere rebus
Lumina mirandis, usu mortalia discunt.
 Illa tamen servata quibus contexitur orbis
Nos quàm multa docent! Opus admirabile ma-
 (gnum)
Autorem loquitur, per inania sæpe vagantes
Pascit & instituit mentes, sedisque beatæ

Q q

Splendorem splendore refert. Non ergò pigebit
Dicere quæ partes orbi, quis partibus ordo,
Quis sit quo properant cœlestia corpora motus.

De partibus quibus constat orbis.

RES quibus esse datum est cunctas comple-
  (ctitur orbis,)
Estque duplex: alter qui sedes occupat altas,
Immensusque velut fornix nos undique cingit,
Orbis habet nomen cœlestis: dicitur alter
Terrestris, patiensque pedes hic sustinet omnes.
  Qui longè latèque prior diffunditur orbis,
Materiâ constat fluidâ, quæ pervia lumen
Admittit subtile licet, nec frangit euntis
Corporis impulsum. Diductis partibus, offert,
Quâ liceat properare, viam; sed protinùs ad se
Diductæ redeunt partes, sedemque relictam
Sponte suâ repetunt redeuntes. Obtinet orbis
Cœlestis, felix quidquid sine corpore vivit;
Obtinet & lucem mittentia corpora: stellæ
Nomine sunt: errant aliæ, variisque feruntur
Motibus, inde secum nomen meruere Planetæ.
  Sunt numero septem, Saturnus, Luna, Venusq;
Cum Jove Mercurius, sequitur Mars, adjice Solem.
Quatuor ast alii multos qui nostra per annos
Lumina fugerunt, & quorum quisque Satelles
Dicitur esse Jovis, Dominum circúdare gaudent.
Omnibus hi reliquis quamvis sint mole minores,
Utilitate tamen vincunt, unum excipe Solem.
Testis ades felix, æquor quicumque profundum
Nave secas! Quoties per mille pericula ponti
Fluctibus errantem tumidis, in tuta Satelles
Te Jovis adduxit? Quoties fuit ille saluti?
Saturno comites quini sunt, nomina quorum

A Magno Lodoice fluunt, quo Rege fuerunt
Danteque comperti. Tenebris jacuere sepulti,
Dum Telescopium post sæcula plurima tandem
Traxerit ad lucem. Triginta nomine Stellas
Borbonias, Solem circùm gyrare, peritus
Nos docet Astronomus. Reliquis non nostra
  (Planetis)
Lumina concedunt socios, Ars docta tuborum
Quamvis addat opem: tamen hinc audentior
  (æquo)
Erueres reliquos, nullâ gyrante coronâ,
Solos ire: latent, olim quæ forte nepotes
Cernere gaudebunt. Dignoscere quemque Pla-
  (netam)
Si juvat ex aliis, proprios attende colores.
Alba Venus rutilat, rutilanti proximus illi
Jupiter accedit, subpallida Luna colorem
Exprimit argenti, nitidus Sol exprimit auri.
Mars rubet ignitus, Saturnus quem annulus
  (ambit,)
Plumbeus est, tandem subnubilus esse videtur
Mercurius, longè qui non à Sole recedens
Vicinis premitur radiis. Ex omnibus unus
Lumine Sol lucet proprio. Virtute cremandi
Gaudet, quæ nostro non est imitabilis igni.
Interdum maculæ purissima lumina Solis
Fœdant: nonnullas nubecula nigra Planetæ
Obscurat nitidas partes: fœdantibus anceps
Est maculis numerus cum motu, tempus & an-
  (ceps)
Soli larga, licet maculato, copia restat.
Luminis, unde queant sua lumina quiq; Planetæ
Ducere: namque placet, lucem quæ prodit ab illis
Credere non propriam: credendi percipe causas.
Declarant oculi vegetam non esse Planetis

Lucem, sed placidam, quòd mutua lumina
  (mittant.)
Quippe Planetarum venientes corpus opacum
Solares frangit radios, fractosque remittit;
Hinc oculis missum lumen languere videtur,
Si cum Mercurio Venerem tamen excipis, ignes
Ex quibus erumpunt vicino Sole corusci.
Luna suis pariter maculis distinguitur, alti
E medio quarum veluti consurgere montes,
Qui varias referant formas, tubus opticus, addens
Infirmis vires oculis, nos admonet omnes.
Ast eadem nobis non semper imago Planetæ
Conspicienda datur. Lunâ crescente, recedunt
Umbræ, quæ penitùs, quo tempore crescere tan-
  (dem)
Non habet unde queat, fugiunt: hanc accipe
  (causam.)
Quæ nobis obversa nitet, Sol lumine partem
Collustrat Lunæ; sed cùm decrescere Luna
Incipit, ad sedes quæ fugerat umbra, relictas,
Ordine mox remeat mutato. Lumine gaudet
Pars obscura priùs, contrà quæ claruit olim
Acquirit tenebras. Veniens vi lumen eâdem
Non regerunt partes maculatæ. His omnibus
  (unus)
Non color est maculis; siquidem nigricare vi-
  (dentur)
Plures, lucescunt aliæ, quandoque puellam
Crinibus effusis referunt, quandoque patentes
Hinc campos, illinc fluvios, aut æquora fingunt.
Inde Peritorum forsan sententia fluxit,
Qui mare, qui campos, homines qui denique
  (Lunæ)
Concedunt, similem terræ quam credere gaudent.
Ordine sunt stellæ quæ pergant semper eodem.

Illâ stellarum referunt ab origine nomen
Fixarum. Ex aliis non lumina mutua sumunt.
Vivida lux etenim fixas nos lumine stellas
Ingenito gaudere docet, nec tempore mittunt
Scintillas gelido, nisi quòd purissima nostram
Lux aciem pulsans perstringat, contrahat illud
Nostros lux oculos quo novit adire, foramen,
Nomine pupillam, nervos & verberet illos
Qui texunt oculi retinam, quò omnis imago
Visarum properat rerum pingenda. Videntur
Astra velut trepidare, nitor cœlestis ocellos
Quod motu quatiat tremulo. Tam firma remoto
Non à Sole queunt erumpere lumina stellas
Ad fixas, proprius quibus hinc conceditur ignis.
De numero veteres mentiri sæpe libellos
Quis neget Astronomus? Multas, quas cernere
    (stellas)
Non patribus licuit, gaudent servare nepotes.
Si Telescopium mortalia lumina firmet,
Prodibunt, positâ veluti caligine, stellæ
Omni majores numero, quas cernere nostris
Sic oculis dabitur, ceu lucida puncta micantes.
  Pluribus, inque locum tanquam coeuntibus
    (unum,)
Talibus ex punctis constat, quæ vergit ad austrũ
Albida Zona, secans Cœlos obliqua serenos.
Zonæ nomen apud vulgus, via lactea: nomen
Inde docent veteres illud fluxisse Poetæ,
Ubera quòd Junio retrahens ex Herculis ore
A Jove suppositi sacrum lac suderit, omnis.
Quo via diffuso semper maculata remansit.
Plebs rudis hac Divum Cœlestes credit ad ædes
Ascendisse viâ Jacobum: hinc Zona secundum
Divi nomen habet Jacobi à nomine ductum.
Pluribus ex stellis aliquam consurgere formam,

Qq iij

Attentis stellas oculis qui cernere novit
Nos docet Astronomus. Signorum nomina stellis
Hinc data sunt; Cœlos quorum duodena per
   (orbem)
Obliquum medios cingunt; bis dena triones
Cùm tribus ad gelidos vergunt; cùm quinque
   (calentes)
Dena plagas spectant; quibus adjecere recentes
Astronomi duodena. Polo quæ stella vocatur
A gelido, caudam Cynosuræ proxima tangit.
Hæc regit errantes noctu terràque marique,
Germanæque viæ vestigia devia reddit.
Æthereæ quandoq; plagæ nova corpora nostris
Objiciunt oculis; eadem quandoque per horas
Visa breves, abeunt tenues seu fumus in auras,
Mox redeunt abitura brevi; modò mole minores
Sunt modò majores, oculis si credituri : anceps
Est color, est anceps motus, nec denique constat
Forma sibi. Nonnulla comam præferre nitentem
Dixeris, hincque suum nomen traxere Cometæ,
Qui lugubre rubent, miseris qui tristia terris
Judice plebe canunt. Amplissima cauda, sequacis
Nimirùm flammæ series abeuntis in arcum
Qui loca lata tenet, stellam comitatur euntem.
Stella comata, caput minitans advertere, semper
Ad Solem meminit, contràque obvertere caudam.
Alter ab alterius quandoque Cometa recedens
Tramite deflectit, quandoque revolvit eundem,
Rebus ab æthereis ad res descendere terræ
Si placeat, partes paucis memorare licebit.
Pensilis in medio quo cingitur aere tellus
Ima jacet, fulcroque carens stat; proximus aer
Circumfusus enim pariter premit undiq; partes.
Terra capit lapides ac quidquid fossile vulgò
Dicitur: addantur latices, animantia, plantæ.

His dispersus adhuc latet omnibus inditus ignis.
Tartara nigra tenent partemquæ est infima terræ.

De partium ordine quibus constat orbis.

NON datur humanæ certò cognoscere menti,
Ordine quo varias orbis disponere partes
Sit summis placitum superis. Attingere veri
Nùm satis est speciem, quibus ipsum attingere
  (verum)
Non licet ? hîc ergò referam non partibus ordo
Quis sit, at esse queat. Triplex, si credere Doctis
Non juvat, esse potest ordo: memor accipe primũ.
  Obtigit alta quies terræ; simul obtigit, orbis
Ad centrum, sedes, circùmque volubilis errans
Quisque Planeta, plagas gaudet lustrare supernas
Ordine qui sequitur. Telluri proxima gyros
Luna suos peragit: Doctis placet esse secundum
Mercurium: Veneri debetur tertia sedes:
Soli quarta datur: quintam Mars occupat: altus
Jupiter est sextus: Saturnusque altior illo
Septimus accedit: fixis conceditur astris
Qui locus octavus numeratur: nona sequenti
Cum decimâ, sedes, crystallina dicitur: ambit
Omnes, ac reliquis semper dat posse moveri:
Mobilis hinc primi nomen trahit. Adde beatas
Omnibus his sedes, numerum quæ denique
  (claudunt.)
Nostra Planetarum, Solem tamen excipe, motûs
Solvere non omnes, positis sic partibus orbis,
Mens poterit nodos, in gyro, quisque Planeta
Motu quem proprio complet, nisi circulus alter
Parvus (apud Doctos Epicycli nomine gaudet)
Fingatur. Præsens ideò complectitur ordo

Ambages. Animis affundent ambo sequentes
Lucem, quæ meritò palmam venientibus offert.
   Sol sedet in centro mundi, versatilis axem
Est tamen in proprium, gyrareq; gaudet ad ortū.
Mercurius Solem sequitur quē proximus ambit,
Mercuriumq; Venus, Venerem circumdata tellus
Lunâ. (Tellurem circà nam Luna movetur
Non secus ac centrum circà) Mars, Jupiter, altus
Denique Saturnus succedunt ordine. Sedes
Asseritur stellis altissima, cùjus ad orbem
Annuus est orbis terræ collatus, aquarum
Guttula quod pelagi omnes si confertur adundas.
Saturni pariterque Jovis gyrare Satelles
Quisque suum circà Dominum non desinit un-
     (quam)
   Dùm Sol immotus requiescit, terra movetur.
Motus inest terræ triplex; est namque diurnus
Quo proprium circà centrum versatur, & orbem,
Tempore quo fugiunt viginti-quatuor horæ,
Perficit æternùm gyrans. Est annuus alter
Motus. Nam tellus, dum labitur integer annus,
Orbem, qui Solis centro non gaudeat, explet:
Sic tamen ut nunquam telluris desinat axis
Esse parallelus sibi: nascitur inde diei
Discrimen noctisque. Tremens est deniq; motus,
Quo solet ad Tropicos accedere: nascitur illinc
Causa fluente vices mutantis temporis anno.
   Tertius esse potest hic mundi partibus ordo.
Terra stat in centro mundi, quam proxima cin-
    gens.
Luna suos peragit gyros, ac gaudet eodem
Centro. Sol sequitur: sedes quæ est proxima Soli
Mercurio concessa fuit: Venus alba secundam
Obtinuit, Martique sequens adscribitur orbis,
In duplici puncto solarem nempe secanti.

Hinc Mars nunc propior, nunc Sole remotior, aptè
Exprimitur; siquidem sic ex tellure videtur.
Jupiter accedit quartus, gaudetque supremo
Ordine Saturnus. Fixarum ponitur orbis
Denique stellarum, sedes altissima; centrum
Obtinet in terrâ. Saturni quisque Satelles
Atque Jovis proprios diverso tempore gyros
Absolvunt, ideò cujusque Satellitis orbis
Quo Dominus gaudet, centro quoque gaudet eodem.
Mercurio Venerique placet circumdare gyris
Haud secus accétrum, Solem. Hinc inferre licebit
Nunc illos Solem superare, subesseque Soli
Nunc illos; oculusque videt sic esse peritus
Astronomi vigilis Cœlos qui servat euntes.
Possumus in Cœlis motus quos novimus omnes
Explanare modò, seu Sol seu terra quiescat

DE MOTU CORPORUM COELESTIUM.

I.
De communi & privato Cœlorum motu.

PROMISSI memores noſtri fideique tenaces,
Dicere quis rapiat cœleſtia corpora motus,
Aggredimur. Circà tellurem Solis in orbem
Suppoſito motu, cœleſtia corpora duplex
Semper agit motus. Communis dicitur alter,
Qui labente die, mittentia corpora lucem,
Quotquot adhæreſcunt Cœlis, ſinuoſus ab ortu
Pellit ad occaſum. In medio ſic orbe, quietam
Circà tellurem, cœleſtis volvitur orbis
Axe ſuo nixus, ſtellæque ſequuntur euntem.
  Accedit proprius, quo cuncta feruntur ad ortum
Semper ab occaſu cœleſtia corpora, motus.
Motibus his centrum non unum eſt: namq; priori
Orbis uterque polus centrum, centrumq; ſecundo
Zodiaci ſunt ambo poli: hincq; ſuperna videntur
Corpora ad auſtrales paulatim accedere partes,
Unde plagas repetunt boreales ante relictas.
  Maximus à ſtellis igitur deſcribitur orbis
Quas ſibi ſubjectas Eclyptica linea cernit.
Inde recedentes ſtellæ complere minorem
Noverunt orbem, quem parti dicit Ocellus
Zodiaci mediæ [quæ Eclyptica linea pars eſt]
Eſſe parallelum. Stellas accedere conſtat
Orbis utrique polo, quandoque recedere: ſydus
Ergo polare polum paulatim pergere gaudet
Ad gelidum, tandemque polo loca proxima tan-
    get;

Unde recedet, iter relegens velut ordine: sedem
mutabit propriam, nomenque locusque polaris
Obtingent alii stellæ, quam certa manebit
Sors eadem. Stellæ lento pede currere norunt,
Nec proprio gyrum possunt absolvere motu,
Annorum nisi plura priùs sint millia lapsa.

 Cœlumquæ superant stellatum forte requires
Munera sphærarum. Causas aperire petenti
Non animus refugit. Cœlestia corpora motu
Currere communi semper, motuve diurno,
Lucida in occasum quo cuncta trahuntur ab ortu
Corpora, viginti fugiunt dùm quatuor horæ,
Diximus; & virtus sic omnia sydera versans
Prodit ab hâc sphærâ, Stellas quæ proxima cingit:
Stelligerum rapido nam circumvolvitur orbem
Motu rapta, simul sphæras secum abripit omnes,
Et sibi suppositis semper dat posse moveri:
Fingitur ad tales usus quod mobile primum
Dicitur. At cœli propriâ quod sponte movetur
Cùm liqueat vario compleri tempore gyrum,
Est placitum sphæram crystalli à nomine dictam
Fingere, nec tremulum non huic concedere mo-
  tum,
Quo nunc occiduas vergat, nunc vergat eoas
Ad partes, pertracta sui vi ponderis: imis
Inditus hic motus sphæris, nunc pellit euntem
Ultrò, stelligeram sphæram, nunc impedit illam.
Sicque orbem vario metitur tempore cœlum.

 Solis iter monstrans Eclyptica linea, partes
Ad gelidas calidasque modo non vergit eodem,
Altera quòd tremulo crystallina tendat ad ambos
Sphæra polos, motu, qui non constare videtur
Ipse sibi, motumque suum traducat ad omnes
Suppositas sphæras: Eclyptica linea, mundi
Hinc ab utroque polo, vario discrimine distat.

II.
De proprio motu Planetarum ac præcipuè Solis & Lunæ.

ACCEDIT propior terris quandoque recedit
Quisque Planeta, viam motu nec pergit eo-
   dem.
Dixeris interdùm jam velle quiescere lassum,
Susceptæque pigere viæ, cùm deleat actam
Posteriora legens vestigia. Motus euntis
Accipe quis Solis. Spatio cujusque diei
Astris cum reliquis Sol irrequietus ab ortu
Fertur ad occasum, peragitque volubilis orbem
Quem tamen haud complet : remeans vice nam-
   que sequenti
Phœbus Horizontis puncto non surgit ab illo
Unde prius fuit orsus iter. Sic mobilis ortus
Est semper Soli. Sensim deflectit ad austrum,
Ad Tropicum Capri donec devenerit. Illinc,
Sex menses antiqua legens vestigia, punctum
Ex quo cœpit iter, repetit : borealia transit
Ad loca, nec patitur Tropicus procedere Cancri
Ulterius, mensesque fluunt iter ante peractum
Bis terni. Hinc remeat, sic itque reditq; revolvens
Irrequietus iter, totus dùm labitur annus.
  Sol qui sponte suâ currit velocior astris,
Tardior ire tamen, fallente videtur ocello.
In Cœlis etenim Sol si respondet eidem
Cui Sydus puncto, mensis cùm fluxerit, astrum
Antevolans. Cœlis magis accessisse videtur
Occiduis, Solem post se levitate relinquens.
Syderis ex proprio motu Solisque licebit
Dissimilis causam sedis cognoscere. Motu
Sol proprio raptus ; citiùs defertur ad ortum
Quam Sydus : complet duodenis mensibus orbem

Quem Sydus complere nequit, nisi millibus annis
Non semel elapsis. Eclyptica dicitur orbis
Qui proprio Solis motu describitur. Æquas
In partes obliqua secat, quod nomine vulgò
Dicitur Æquator, centro nec gaudet eodem
Quo tellus; propior loca namq; australia tangit.
 Per medias gyrat partes Eclyptica, Zonæ
Nomine Zodiaci proprio, qui signa secatur
In duodena, quibus nomen super æthera notum.
 Ordine ab occiduis hæc signa feruntur eoas
Ad partes. Aries, nomen de Marte trahenti
Respondet mensi, sicque ordine cætera pergunt.
 Unum pene gradum Sol emetitur eundo
Sponte suâ, unius spatio labente diei.
Omnes jamque licet Solaris solvere motûs
Nodos. Cùm Cœli simul abripiantur ab ortu
Littus ad occiduum, communi raptus eundo
Sol motu, partes oculis properare videtur
Semper ad occiduas; orbem sed sponte secutus
Obliquum, haud iterùm puncto Sol surgit ab uno.
Ad boream sensim, sensim deflectit ad austrum;
Cùmque plagis propior sit Sol australibus; illi
Dixeris assuetâ majorem accedere molem,
Cùm brumale riget glaciali frigore tempus,
Quo veniente subit loca Sol australia. Causas
Tempore disparium licet hinc haurire dierum.
Unoquoque die Phœbus quos exarat orbes
Pene parallelos, binas partitur Horizon
In partes, quarum suprà manet altera, subter
Altera. Gaudemus rutilantis luce diei,
Dùm Sol desierit partem peragrare supernam.
Vix aliam tangit partem, mox ecce diei
Lumina diffugiunt, veniuntque nigerrima noctis
Tempora. Cùm sensim Sol Æquatore relicto
Pergit adire polum borealem, noster euntis

Sic orbem Solis partiri novit Horizon,
Ut pars emineat major, quæ nempe dierum
Tempora metitur. Placeat si noscere, partem
Altera cur aliam vincat, Geometria pandet,
Atque dies alios alii cur tempore vincant.
   Pervigil & patiens oculis qui servat euntem
Attentis Lunam, Soli communia novit
Plurima; dissimilis quo sit discrimine, paucis
Dicam. Vel crassis ortum mutare videtur
Luna suum surgens oculis: vice quâque recedit,
Quantùm Sol, medii fugiunt dùm tempora mensis.
Motu Luna suo remeans, defertur ad ortum,
Astraque sic longè post se levitate relinquit,
Ut mensis spatio labentis, compleat orbem,
Quo divisa capit binas Eclyptica partes.
Luna polis propior quàm Sol gyrare videtur,
Elapsisque tenet bis denis pene diebus
Communem cum Sole gradum. Nova surgit,
     eundo
Paulatim crescens: obvertit cornua Soli,
Quæ penitus, positâ pariter caligine, tandem
Deponit, nobis cùm lucida tota videtur.
   Luna licet terris partem non semper eandem
Luminis ostendat, lucem tamen haurit eandem;
Sol etenim mediam collustrat lumine partem.
   Ut de Sole trahit lumen, sic Luna ministrat.
Cùm trahit ex alto, penitùs nos lumine fraudat
Luna suo: partem terrenum mittit in orbem
Luminis obliqui: toto nos lumine donat
Sole quod adverso recipit. Progressa per annos
Luna decemque novemque, loco tunc redditur
     illi
Unde suam fuit orsa viam, qui jure vocatur
Aureus annorum numerus, pretiosior auro.
   Sol non in terram purissima lumina mittet,

Luna suum quoties iter inter utrumque tenebit,
Et solitam terris lucem quoque Luna recusat,
Dùm Sol deliquium patitur, densæque creantur
Sæpius hinc tenebræ: molis sed Luna minoris
Tempore vix ullo radiantis lumina Solis
Cuncta premit tenebris, proprioque levissima
    motu
Restituens terris lucem, quas procreat umbras
Protinus expellit. Lunâ perferre labores
Sol novit surgente novâ, cùm forte tenentis
Solis iter solitum Lunari circulus orbi
Obvius occurrit, punctoque secantur in uno.
  Luna latet semper patiens & mutua perdit
Lumina, cùm Solem tellus interjacet inter
Et Lunam, gyrum modò quem Sol exarat anno
Circulus offendat, quem mensem pene per unum
Motu Luna suo complet. Secedere Lunæ
Paulatim lumen patientis ubique videtur
Terrarum sub idem tempus, lumenque recedens
Nos quam multa docet, terræque marisque co-
    lonis
Cognita quæ prosunt! Nunquam seu Luna la-
    boret,
Seu pede dùm pergit solito, nos lumine donet,
Utilitate caret: nobis lucetque latetque.

III.

De motu terræ, positâ Solis ad
mundi centrum quiete.

SI juvat ad terram motum traducere, ad orbis
  Centrum si Solem juvat amandare quietum,
Lucida cur oculis videantur corpora nostris
Uno quoque die perfectum absolvere gyrum,

Quo surgant abeantque modo, vertigine terræ
Quis pohtâ nescit? Nam sic pars singula terræ
Ordine cuncta suo cœlestia corpora lustrat,
Quorum dùm quædam veniunt ad lumen ocelli,
Altera se condunt: patet hinc occasus & ortus.
Annuus at motus magnum telluris in orbem
Exprimit, Astronomi motum concedere Soli
Quem plerique solent, dùm Sol duodena videtur
Zodiaci totum percurrere signa per annum.
In medio Phœbus stabilis licet orbe quiescat,
Non tellus oculo sed Sol testante movetur.
Non secus ac illis sedes mutare videntur
Littora, qui sulcant impulsis navibus æquor.
  Telluris posito motu cùr quinque Planetæ
Cum Jove Mercurius, Saturnus, Marsque, Venusque,
Pergere nunc rectâ, nunc contrà stare, per actam
Nunc remeare viam, nostris videantur ocellis,
Nos non causa fugit. Nascuntur scilicet illæ
Inde vices variæ, noster quòd mutet ocellus
Cum tellure locum; nam terram ex quinque Planetis
Huc modò, nunc alio deferri quisque videret.
Attamen hæc terræ tua ne properantis imago
Pectora conturbet; nullus timor occupet artus,
Ne tellus agitata, domos quas sustinet, omnes
Excutiat, varias aut ipsa miserrima tandem
In partes abeat: tellus secura movetur.
Nec timeatis aves nidos ne raptet eundo,
Dùm quandoque juvat puro vos credere Cœlo.
  Qui terram motus rapit est æqualis, & aer
Circumfusus eam semper comitatur euntem.
Nec raptis igitur domibus vis ulla resistet,
Et terrâ gyrante, sequens gyrabit & ales:
Distabunt nidi, volucres prout sponte recedent.
           ELEGIA,

Dicta ministrabunt quibus ardua cætera solvas.

ELEGIA,

Quâ fusè describitur casus & vindicta Hirundinis, cujus nidum, casis dejectisque Pullis, Passer invaserat.

Vere novo, terras pungit cùm Phœbus inertes,
   Et jubet augustos sentius ire dies:
Cùm Cœli reparatus honos, terræque renascens
   Pristina frons, victas cogit abire nives:
Arboribus sua forma redit, sua gramina campis,
   Et facie tellus versicolore micat:
Tunc rubeis Progne, pectus maculata lituris,
   Assiduo carum gutture luget Itym
Quid faciat tristis? casum solatur acerbum,
   Et quem luget Itym, mox renovare studet.
Languida non studio Progne torpescit inani;
   Sedula sed quærit, quem sibi jungat amor.
Ecce lacus lasciva petens, subtilibus alis
   Summas radit aquas; ire, redire juvat.
Quid velit errabunda, liquet; vult illa maritum,
   Ut nova mater, Itym possit habere novum.
Carminis ergò pii Cœlum terramque fatigat,
   Non intermissis irrequieta sonis:
Dilectum thalami socium vocat illa futuri:
   Denique de multis millibus, unus adest.
Lucet ubi nidi tempus, sobolisque creandæ,
   Sub trabibus cunas, parvaque tecta facit.
Cuique suus thalami socius, sociusque laborum,

Qui subeat curas, qui sibi portet opem.
Dùm trahit ille lutum, spectatæ mœnia sedis,
Huic placet angustos ædificare lares:
Hæc abit, & celeres pennas vibrat; ille vicissim
Hac abeunte venit, mox redeunte fugit.
Nescia (quis credat?) non est gens illa decori;
Nam vix tecta subit, cùm datur ecce salus.
Ædes nemperedux modulamine complet amicas,
Sic memor officii pectora grata gerit.
Fervet opus; certant socii pertingere finem;
Et vice fit structor, qui modo vector erat.
Ast ubi confectus tenui curvamine fornix,
Cùm prope solliciti meta laboris adest:
Structus si quodam paries discedat hiatu,
Spiramenta luto, claudere cuncta student.
Hic linit interiùs viscoso glutine rimas,
Hæc tegit externas ore præmente vias.
Obstat forma domûs, obstat testudinis umbo,
Ne gravis innocuas bruma molestet aves.
Infelix mater! teneros dùm sedula fœtus
Quæris, & es vitæ vix memor ipsa tuæ:
Ah volucrum ignaræ mentes, gens cæca futuri!
Aspera dilecti meta laboris erit.
Credula forte putas, hos te tibi condere nidos;
Irrita spes animos pascit, Hirundo, tuos.
Non tibi non Progne sudores ponis & artes,
Infelix! alii nidificatur avi.
Cùr pullos miseranda creas, pascisque creatos?
Qui solamen erant, causa doloris erunt.
Dùm pia mater abest, totoque volatilis arvo
Quæritat hîc illic nutriat unde gregem:
Ecce repentino fallax ad tecta volatu
Passer adest; ædes barbarus hospes adit.
Credit adesse suam pulloru turba parentem,
Oreque consuetos poscit! ante cibos:

Parcite; namque latet quæ vobis mensa paretur:
 Parcite; namque cibi mors tenet atra locum.
Non dubitat Passer cunctas perfringere leges,
 Victaque raptoris jura sub ense tacent.
Horrida non illum sceleris deterret imago,
 Nil quoque quod moveat funera prolis habent.
Sanguine pullorum perfunditur impius hostis,
 Plena feræ cædis tecta cruore madent:
Dejicit implumes cunis, & furcifer ales,
 Hospitibus cæsis, haud mora, tecta colit.
Mater adest, captasque videt quas condidit ædes,
 Et dolet hæredes interiisse suos.
Corda premit mœror, natorum fata videnti:
 Miscet & hæc lacrymis tristis Hirundo suis.
Barbare, qui carâ spoliasti prole parentem,
 Et confecta diù qui mihi tecta rapis:
Si quid hirundo potest, si quid pia numina tangit,
 Crimen grande, comes debita pœna premet.
Nil ago, nam lacrymæ nihil in tua pectora possunt,
 Nec quicquam prodest restituenda peti.
At scelus horrendum certè non ibit inultum,
 Frausque reversura est in caput ista tuum.
Hæc ait, & rapidis simul æthera verberat alis,
 Ad comitesque suum nuntia carpit iter.
Mille volant celeres ad lamentabile carmen,
 Imæ quo resonant, æthereæque plagæ.
Ante chorum mater voces erupit in illas,
 Singultu medios ire vetante sonos.
Ah! periit proles, periique miserrima mater!
 Vivere nam cæsâ non mihi prole licet.
Stamina natorum lethali vulnere rupit
 Passer, & in nostros irruit ille lares.
Ah pia turma! meis vestras adjungite vires,
 Ferte requirenti vos mihi, quotquot, opem!

Publica res agitur, rebus succurrite fractis;
　Urgeat injusti crimina pœna comes.
Quæ dixi, tangant animos, si tangere possunt,
　Ulterius voces non sinit ire dolor.
Exardent ignes animis, subit ira furorque,
　Passeris & rostro vindice fata parant.
Nec mora, turmatim celeres velut agmine facto
　Mille volant, comitis quò vocat iræ suæ.
Pars peragenda viæ restet licet, attamen illos
　Alarum validus stridor adesse monet.
Pervenit ad nidum tandem pia turma volantûm,
　Quærit & irato lumine quisque reum.
Horret ad aspectum Passer, sibi conscius ipsi
　Admissi sceleris; justaque fata timet;
Perquirit tenebras; se intrà se colligit ipsum;
　Membra quieta tenet; nec tamen inde salus.
Nescia ferre moras acies ultura parentem,
　Ore madescentem vindice pungit humum:
Implentur pariter cænoso glutine rostra:
　In nidum pariter quæque reportat onus:
Exitus appositâ tellure occluditur omnis;
　Turmaque cænosis mœnibus abdit avem.
In tumulo Passer se videt esse locatum,
　Et stupet ad ritum funeris ante necem.
Suspensæ tandem lacrymæ volvuntur inanes,
　Tristi perque genas imbre cadente, dolet.
Ille ego, cum gemitu, quondam liberrimus,
　　inquit,
　Clausus in angusto carceris orbe premor.
Sæpe mori videor, vitam dùm ducere clausus
　Cogor, & est sano mors subeunda mihi.
Ars mea, quis credat! tumulum mihi condidit ipsi:
　In proprium recidit debita pœna caput.
Talia dùm queritur, languentes occupat artus
　Pallida mors, merito funere Passer obit.

Felix, quem faciunt aliena pericula cautum:
  Infelix, cui non est sat habere suum.
Quemque suo gaudere decet, sed pelle quiescat
  In propriâ: tutus non aliena feret.
Culpam pœna premit: placidos damnabile crimen,
  Ut probat eventus, nescit habere Deos.

EPIGRAMMATA.

I.

In Poetam, qui, dùm varia maris pericula describeret, in gravissimos errores inciderat.

QUID pelagi casus, quid adire pericula
    tentas?
  Pene, monens alios, naufragus ipse peris.
Te jam, cùm propriis aliena pericula cautum
  Reddant: in solo littore tutus eris.

II.

In virum nobilem, qui Majorum gloriam cum laude tuetur.

CLARIS es Patribus, vir præstantissime,
    natus,
  Clarorumque Patrum clarus es ipse nepos.
Utraque vera licet, laus est tamen utraque
    dispar?
  Laus prior est Patrum, posteriòrque tua.

III.

In quempiam, qui sanus, morum pestis, æger verò eorumdem exemplar erat.

ÆGRUM ne subeat quandoque dolere: salutem
Debilis ex ipsâ debilitate trahit.
Dùm premitur corpus, mens libera gaudet, & illud
Si jacet, ista viget : si viget, ista jacet.

IV.
In lacrymas Petri.

VIX Petrus ejurat Christum, non immemor ultrà
Peccati, lacrymis cùm rigat ora suis.
Nos ruimus miseri per tot peccata, nec ullis
Ora madent lacrymis, nec dolor ullus adest.
Utraque si desint, quo nos accedimus ergò
Ad Petrum? hoc uno, quòd petra nempe sumus.

FINIS.

APPROBATION.

J'AY lû par l'ordre de Monseigneur le Garde des Sceaux : *Les Eloges Critiques des Philosophes les plus illustres, depuis la Naissance de* JESUS-CHRIST, *jusqu'à present, avec une Oraison Latine, & quelques Poësies Latines.* Je n'y ai rien trouvé qui puisse en empêcher l'impression. A Paris, le 18. May 1726.

BLANCHARD.

PRIVILEGE DU ROY.

LOUIS par la grace de Dieu, Roy de France & de Navarre: A nos amez & feaux Conseillers les Gens tenans nos Cours de Parlement, Maistres des Requêtes ordinaires de notre Hôtel, Grand Conseil, Prevost de Paris, Baillifs, Senechaux, leurs Lieutenans Civils & autres nos Justiciers qu'il appartiendra; SALUT. Notre bien amé HENRY-SIMON-PIERRE GISSEY, Libraire-Imprimeur à Paris, Nous ayant fait supplier de lui accorder nos Lettres de Permission, pour l'impression d'un Ouvrage, qui a pour titre: *Eloges Critiques des Philosophes les plus célèbres, depuis la Naissance de* JESUS-CHRIST, *jusqu'à present*: offrant pour cet effet de le faire imprimer en bon papier & en beaux caracteres suivant la feuille imprimée & attachée pour modele sous le contrescel des Presentes; Nous lui avons permis & permettons par ces Presentes, d'imprimer ou faire imprimer ledit Livre en un ou plusieurs volumes, conjointement ou séparément & autant de fois que bon lui semblera; sur papier & caracteres conforme à ladite feuille imprimée & attachée sous notredit contrescel, & de le vendre, faire vendre & debiter par tout notre Royaume pendant le tems de trois années consécutives, à compter du jour de la date desdites Presentes; Faisons défenses à tous Libraires, Imprimeurs & autres personnes, de quelque qualité & condition qu'elles soient, d'en introduire d'impressions étrangeres dans aucun lieu de notre obéïssance; à la charge que ces Presentes seront enregistrées tout au long sur le Registre de la Communauté des Libraires & Imprimeurs de Paris, & ce dans trois mois de la date d'icelles; que l'impression de ce Livre sera faite dans notre Royaume & non ailleurs, & que l'Impetrant se conformera en tout aux Reglemens de la Librairie & notamment à celui du dixiéme Avril 1725: & qu'avant que de l'exposer en vente, le manuscrit ou imprimé qui aura servi de copie à l'impression dudit Livre sera remis dans le même état où l'Approbation y aura été donnée ès mains de notre tres-cher & féal

PRIVILEGE DU ROY.

Chevalier Garde des Sceaux de France le sieur Fleuriau d'Armenonville, Commandeur de nos Ordres : Et qu'il en sera ensuite remis deux Exemplaires dans notre Bibliotheque publique, un dans celle de notre Château du Louvre, & un dans celle de notredit très cher & féal Chevalier Garde des Sceaux de France le sieur Fleuriau d'Armenonville, Commandeur de nos Ordres ; le tout à peine de nullité des Presentes Du contenu desquelles vous Mandons & Enjoignons de faire jouir l'Exposant ou ses Ayans cause pleinement & paisiblement, sans souffrir qu'il leur soit fait aucun trouble ou empêchemens, Voulons qu'à la copie desdites Presentes qui sera imprimée tout au long au commencement ou à la fin dudit Livre, foy soit ajoutée comme à l'Original. Commandons au premier notre Huissier ou Sergent de faire pour l'execution d'icelles tous Actes requis & necessaires, sans demander autre permission & nonobstant clameur de Haro, Charte Normande & Lettres à ce contraires. CAR tel est notre plaisir. Donné à Paris, le vingt-neuviéme jour du mois d'Aoust, l'an de grace mil sept cent vingt-six, & de notre Regne le onziéme. Par le Roy en son Conseil. DE S. HILAIRE.

Registré sur le Registre VI. de la Chambre Royale & Syndicale de la Librairie & Imprimerie de Paris, N°. 498 fol. 394. conformement aux anciens Reglemens, confirmez par celui du 28. Février 1723. A Paris, le dix-sept Septembre mil sept cens vingt-six.
D. MARIETTE, Syndic.

De l'Imprimerie de H. S. P. GISSEY, rue de la vieille Bouclerie, à l'Arbre de Jessé.

www.ingramcontent.com/pod-product-compliance
Lightning Source LLC
Chambersburg PA
CBHW060237230426
43664CB00011B/1684